U0012214

大是文化

我買台指期，
管它熊市牛市，
年賺30%

一種規則，兩種行情，
不到5萬元本金，超簡單123法則，
100萬輕鬆變成200萬

台指期女教官
陳姵伊 ◎著

超簡單 123 法則，

1 1 種規則：以臺灣加權股價指數為基準

● 大台指（**TX**）：

一口的保證金為 184,000 元，只要大盤上漲（跌）1 點，你就賺 200 元，如果當日大盤大漲 100 點，你就現賺 20,000 元。

● 小台指（**MTX**）：

一口的保證金為 46,000 元，只要大盤上漲（跌）1 點，你就賺（賠）50 元，如果當日大盤大漲 100 點，你就現賺 5,000 元。

3 本金不用 5 萬元，就能進場

以操作小台指為例，一口小台指的保證金是 46,000 元，就可以開始操作，還能每月為自己加薪。

100 萬輕鬆變成 200 萬

 2 種行情：只要順勢，漲跌都能賺

- 漲：作多

  從 K 線找「轉強信號」，看好後市就尋找作多機會。

- 跌：作空

  從 K 線看「轉弱前兆」，看壞後市就尋找放空機會。

若將停損設在 20 點，以一口小台指而言，最多不會超過 1,200 元。

CONTENTS

第三章

像軍人一樣按表操課，我把 100 萬變 200 萬 *067*

第四章

觀察三大法人及大額投資人動向，看出賺錢趨勢 *083*

第五章

懂這九大盤勢圖，年報酬率直上 30% *111*

CONTENTS

新版作者序
規律交易累積成功經驗，成功經驗創造穩定獲利

　　各位讀者朋友好，非常開心能為這本書制訂新版。本書於 2015 年出版後，收到很多讀者來信，討論的範圍很廣，涵蓋操作技巧、投資心態，甚至是人生，讓我頓時感覺自己成了心靈導師，真是意料之外。出版財經書籍，卻更像心靈諮商書籍，可見，投資與人生是如此緊密、息息相關。

　　也很開心，能藉由出版而結交各方同好朋友，能擁有許多相同志向與目標的朋友，可說是人生最幸福的事之一，可以跟大家一起討論、互相學習，也一起成長，還有什麼比這更快樂？

　　經由長期以來的觀察，我發現，投資厲害的人（操作績效很好且獲利很穩定）真的為數不少，且通常具備以下特質：

1. 夠「努力」

　　對於操作台指期而言，擁有「能以技術面，來分析行情」的能力相當重要！若將操作台指期比喻為上戰場，那麼，技術分析能力，就是打勝仗的重要武器。這些厲害的人，都相當重視技術分析技巧的精進，因為開始操作台指期後，一定會發現「獲利機會」是源源不絕。因此，如何過濾雜訊、掌握勝率最高的獲利機會，也正是精進技術分析技巧的重要意義。

2. 交易「執行力」強

經由努力的過程，將技巧練就純熟後，善用至投資市場上，這是獲利的第一步。而為了練就純熟的技巧，須透過規律而穩定的交易量，來累積經驗值，並從實戰經驗中慢慢調整、升級自己的操作能力，以朝向穩定獲利的目標前進。

是的，為了達成「穩定獲利」目標，必須透過「穩定交易」，即是定時定量、規律的交易習慣，才能達成；而「穩定獲利」能促發更強的操作動機與「執行力」，這三者是相輔相成的。

> 「穩定交易」促成「穩定獲利」
>
> 「穩定獲利」促成「執行力」更強
>
> 「執行力」強，促成「穩定交易」動機

圖表　穩定獲利金三角

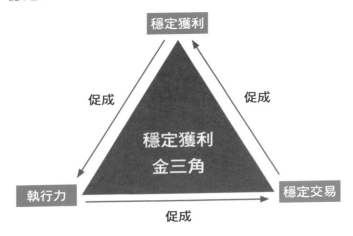

3. 投資「心態」很健康

交易勝率高、獲利穩定的人，除了本身很努力、執行力超強之外，通常也擁有非常健康的投資心態與習慣。以健康心態來進行投資，最能促成理想的投資行為與成果。

那麼，如何擁有健康的投資心態呢？有下列這 7 個方向：

（1）給自己一筆預算、一段時間，盡情嘗試

投資初期，還在摸索中，也許績效時好時壞，無論如何，堅持下去！從規律交易中累積穩定交易量，這樣才有機會進步與成長。學習投資，不能三分鐘熱度，你可以給自己一筆預算、一段時間，在這筆預算與時間裡，盡情嘗試。

（2）斜槓人生／以副業方式來進行

初期，可將投資當成副業來經營，你就是這份副業的 BOSS，為自己的事業而努力與成長。成功時，不樂過頭，開心一下就好；失敗了，也沒關係，從中學習經驗，下次進步就好。

（3）轉副為正

走過摸索期，當獲利績效開始穩定，你可能會考慮要將這份副業轉為正職，成為專職投資人。這時期，請同樣給自己一筆預算、一段時間，當作是送給自己的轉職禮物，認真看待這份事業，這也是你創業的開端。而每份事業的啟程，都要精算過機會與成本、獲利與風險，做好完整的預算規畫，與風險管理計畫。

（4）永遠如「新」

作為專職投資人的過程中，學習不間斷，幫自己規畫「在職教育」，持續成長。學習的路很長遠，每天都要像新人一樣謙卑。我最喜歡舉的例子是迪士尼樂園與黑人牙膏，它們都是長久企業，卻未曾停止追求進步。迪士尼的起源可追溯自 1940 年前，迄今仍在擴建園區、持續尋找新主題；黑人牙膏起源可追溯自 1930 年代，時至今日，依然常看到它還在努力研發新口味。

（5）交易修養

將交易市場視為心靈修練場，學會交易中的淡定心態。常有人問：「姵伊，為什麼妳操作時很穩、很淡定？」我想，這是因為夠「熟悉」的關係。而熟悉，必然是經過長期累積。一份事業做久了，想不淡定也難。因此，即使面對行情激情，也能面不改色、淡然面對，相信這是很多資深投資人的常態。

（6）更滿足、更快樂

另外，試著將每次進場的獲利期待值降低，就更容易滿足！比方說，若預期會有百點行情，獲利 3～5 成就算及格，別太嚴厲。

常有人跟我說：「明明可以賺 100 點，卻只賺到 30 點，實在氣餒，覺得自己很糟……。」這樣真的是很嚴格！如果能調整心態，投資會更快樂！

（7）「多」的法則

在我長年大量近身觀察中，確實發現：投資勝率極高、獲利極穩

的人，都很積極為自己製造豐富機會，並從豐富機會中，造就豐富獲利。

想要「獲利多」，必然需要「交易量多」，並從中累積成功經驗值。「兩天捕魚、三天晒網」的模式，無法累積足夠的交易量，就更不用說穩定的獲利。

努力是成功的唯一路徑，促成了「豐富機會」，並從中累積「豐富獲利」，最終導向「穩定獲利」的成果。換句話說，是一開始的努力，促發了後續一連串的正向循環。

透過努力的過程，認清自己的強項，並尋求能讓強項發揮的投資機會，以此打造適合自己的投資模式。相信你也可以跟我一樣，用投資打造自己的豐富人生。

希望能透過這本書，讓我們成為人生路上的好夥伴，為更美好的人生，一起努力、加油！

舊版序
無論行情好壞，聰明投資台指期，幫你年年加薪 30%

一說起台指期，大多數人會認為它是極端、迅速又危險的投資工具，但這說法並不盡然，只要能掌控好交易頻率，投資台指期也可以「緩而穩」。

事實上，投資台指期比投資股票更簡單、更安全，如何安全穩定的獲利，我都會在這本書裡與讀者分享。在這本書裡，不會有艱澀難懂的內容，就連投資新手也能簡單上手。只要跟著書裡所介紹的方法，聰明投資台指期，就能幫自己每年加薪 30% 以上。

我的台指期投資之路

我從 2007 年開始進入投資領域，2009 年起專職從事投資工作。在這之前，我是一名職業軍人，在國軍醫院裡擔任行政文書的工作，每天過著朝八晚五的上班族生活，退伍後才在投資領域裡專心研究。

一開始，我接觸的投資工具並不是台指期，而是大多數人更熟悉的股票。記得我第一次正式接觸股票時，是媽媽領我進門的。大約是 2000 年，當時媽媽很有信心的說：「我看朋友買股票獲利不錯，我們要不要也來試試看，各拿 10 萬元來投資？」我生性保守，那時不懂理財、也沒有多大興趣，可是媽媽繼續鼓吹我說：「別擔心，賺的算你的，賠的算媽媽的。」看媽媽那麼有信心，我也願意嘗試看看。最後

結果雖然是虧損，但媽媽說到做到，將 10 萬元還給了我。現在回想起來，我可能從小就對金錢比較沒有安全感，即使兒時豐衣足食，父母也沒讓我面臨過金錢匱乏的日子，但我天生就愛存錢，而這個習性始終影響著我，直到進入職場（軍中），至退伍前都是如此。

轉換思維：不為錢工作，讓錢為我工作

直到退伍後，我開始意識到：「不該只是存死錢、不該總是為錢工作，而是該讓錢來為我工作的時候了。」於是，我開始接觸投資理財等相關領域的書籍。在此之前，我對投資理財完全沒有概念、也沒有興趣。

那是金融海嘯前一年，我想都沒想的展開專職投資人的生涯，由於當時台股處於漲勢，隨便買都會賺，這是我第一次投資股票，就馬上嚐到甜頭，沒想到獲利來得如此容易。

「原來賺錢那麼容易，只要坐在家裡買股票就可以賺到不少錢。」當時的我真的是這麼想的。第一次買賣股票就嚐到甜頭，徹徹底底的顛覆了我對「一分耕耘，一分收穫」的傳統認知。這讓我眼界大開，心也變大了，並揚言要靠投資致富，未料這般狂言，卻讓我自己陷入危機當中。

回想當時，我其實連股票是什麼都還搞不清楚，就貿然進入市場，想成為股票上班族（靠買賣股票賺薪水的人）。然而，這般想法在股市行情處於漲勢時的確沒有太大問題，但當行情反轉，由原先的漲勢轉為跌勢時，若沒有任何依據而盲目投資，就會造成莫大虧損。

無論牛市或熊市，先用技術分析預知行情

記得金融海嘯那一年，台灣股市行情由高點向下墜落，當時的我並不了解股市除了有牛市（多頭漲勢）之外，還有熊市（空頭跌勢）的存在。依據之前的經驗，當投資發生虧損時，只要按捺住不動作，假以時日，股價又會再度漲回或超越最初的買進價格，此時再將持股賣出，便可輕鬆獲利。

後來才知道，這是因為當時股市處於牛市中，因此對於虧損的股票可以這樣處理，甚至當股價下跌時，逢低攤平也能增加獲利。但當股市行情反轉，由原先的牛市轉為熊市時，若繼續這樣處理虧損部位，只會越賠越多。而當時的我也在懵懂中持續投入資金，但每次一投入就虧損，屢試不爽，我才終於投降。

但我沒有就此善罷甘休，反而更專心研究，想了解股市到底是怎麼一回事，為何讓我一開始猛賺，現在卻賠個不停，這其中一定有什麼原因。

我開始接觸各式各樣的投資知識，有巴菲特價值型投資、基本面、財報面、籌碼面、技術分析等，其中，以籌碼面與技術分析最深得我心，尤其最愛研究技術分析。因為我發現，技術面較基本面或財報等，更能提早反映產業的實況。比方說，一個產業即將落入夕陽工業，會先在技術面上有所反應；又或者，一個產業即將擁有美好未來，也會領先反映在技術面上。技術分析擁有領先反映的特質，它能領先反映產業未來的優劣，也能反映台指期未來的行情。

轉換跑道：從台股轉投台指期

至於我為什麼會從台股轉換跑道到台指期呢？這是因為投資股票的事前準備工作很繁重，比方說，需要好好選股（一旦選錯股票，即使台股大漲，但手中的股票還是不會漲）、需要了解每一檔股票（基本資料、財務報表、股性與股價歷史表現）等。另外，台股市場中有上千檔股票可供選擇，一不小心就容易失手買太多股票……等。而當我第一次接觸台指期，對於它的股性單純、標的單一，與無論股市好壞，都能交易與獲利等特質，情有獨鍾，而且與操作股票時期相比，工作量一下子少了很多，因此開始專心研究。

正式投資台指期後，我便以「緩而穩」的交易策略為主，把目標設定在每年穩定的報酬率上。一開始，我以練習模擬交易為主，也就是實際下單前的模擬練習，目的在於了解並適應台指期的市場節奏。

練習模擬交易時，我的操作績效非常好，每天賺百點以上非難事。但實際下單之後，好績效不再，百點行情中可能只獲利 10 點或甚至虧損，這讓我的信心大受打擊。

後來經過檢討，我發現自己是陷入在情緒包袱裡，而這些情緒包袱，是在模擬交易練習時無須面對的，可是一旦投入資金玩真的，各方情緒包袱或壓力馬上湧現，就會干擾交易。

因此，確定自己的操作技巧無疑，我便轉向以訓練控管交易情緒為主。隨著經驗慢慢累積，情緒的問題得以控制，心情不再焦躁或起伏不定，也懂得以平常心去面對每一次的交易。

以健康的心態，在出手前先擬定交易計畫

在交易前，我會先擬定交易計畫，等到有利的投資條件出現時就勇敢出手，慢慢累積成功經驗。或許有人會問，投資台指期的風險大嗎？其實，我每次擬定交易計畫時，都會優先計算風險，唯有在合理風險中，且投資價值大於風險時，我才會進場。

另外，一開始投入時，控制交易次數也很重要。比方說，當我連續出手三次都看錯盤勢時，就會暫停實際交易，但不是真的停下來，而是繼續模擬，等到順手了再繼續。就像這樣不斷的反覆練習。因為這個練習，能幫助你更快進入狀況、適應市場節奏。

我建議，在學習的過程中，一定要有同伴共享，絕對不要一個人悶著頭猛做。尤其是自我情緒控制不佳的人，常容易淪為過度主觀或將自己閉鎖起來，此時若能有同伴從旁提醒，以客觀心態評估行情、以平常心面對，情況就會改善許多。

最重要的是，投資不該占據你生活的全部。以我為例，我把生活劃分為五等分，優先順序為：家庭生活與家人、運動與健康、休閒（美食與旅行）、學習、工作（正職、副業）。當然，這是最理想的狀況，上述順序可能常因生活現實而變換，但心中有個標準，就能隨時幫自己調回正軌。

雖然職場環境改變，從穩定的職軍（職業軍人）轉為職人（投資職人），但生活上其實沒有太大的變化，我仍如同從前一樣，幾乎每天坐在電腦前面做功課，早起上班，中午午休，午後離開座位、下班與休息（請見第 40 頁圖表 1-9「我的交易日時程安排」）。不同的是我的工作自由度增加了，更能掌握自己的時間、也能隨時安排休假。

聰明投資台指期，年年加薪 30%

從 2007 年開始接觸投資領域，到 2009 年正式成為投資職人，在這一年多的摸索期過程是最辛苦的，我多方嘗試各種方法，放慢速度，求穩不求快，同時學習以平常心；嚴格控制交易次數，出手不順時，則暫停實際交易，改為模擬；每次下單前先擬定計畫，並計算投資價值與風險，合理了才進場。

經過這一年多花錢買教訓，也買到了經驗，慢慢淘汰、篩選出成功機率最高的方法，並累積實務經驗與成功值，終於開始穩定獲利。直到今天，正式跨入投資領域已十多年，期間台股行情雖經歷過各種大大小小的股災，但我順應市場多空行情操作，仍然能每年平均獲利30% 以上。

我的投資方法其實很簡單，如同前面所言是以技術分析為主軸，因此特別專注在技術線圖的研究。我認為台指期有很多現象，是可以從技術線圖上預知的，這其中也潛藏著獲利的機會。這對我而言，比起分析數據或是閱讀財報等簡單許多，而對於一般人來說，就算數學不好，只要能看得懂線圖就可以了。

也許你跟我一樣，沒有投資背景、或者是半路出家，且尚未找到能夠穩定獲利的投資方法，那麼我想在這裡跟你分享投資台指期，只要運用閒置資金與簡單方法，跟我一樣聰明投資，你也能幫自己年年加薪 30% 以上。

推薦序
風險高、變化大？非也，
台指期是穩健獲利的最佳選擇

商業類與財經書籍暢銷作者　**陳韋翰**

　　當我翻開本書瀏覽目錄時，立刻回想起過去自己投資期貨的過程，那種心臟隨著指數上下起伏的劇烈跳動，至今仍感同身受。這一路來幾乎只能靠自己摸索，花上無數的時間、金錢、精神、健康、還有青春，幸運的找到自己的利基。如今我選擇了最適合自己的投資方式，終於登上了獲利金字塔的一角，也受到勝利女神的青睞。

　　我不禁問自己：「如果多年前手上有這本書，有如此詳細的說明，帶著投資人一步一步的進入期貨世界，我會少走多少冤枉路？」

　　例如本書的重點之一：長線保護短線。這是每位投資人都耳熟能詳的經典名言，可是實際買下去，繳了學費學了經驗，最後才體會到其中真實含意。一般人認為，期貨變化比股票還快，風險更大，但事實上如同作者所說，**台指期的走勢總是反覆出現，扣除少數不常見的變化之外，只要專注固定的模式**（如同在第五章闡述），**就足以在期貨市場吃香喝辣**。

　　作者專注在最容易上手，且勝率最高的行情出手，完全符合 80／20 法則，只要做好 20% 的行情就能獲得 80% 的利潤。成功一次，下一次再複製，這次用小台賺錢，下次就可以用大台獲利，這次只敢買

一口賺錢，下次就敢買兩口。投資期貨的過程，就是一直複製作者的成功模式。非常羨慕各位讀者能比我早接觸到作者的智慧，發現期貨最穩健的勝利方程式。

如果你也恰好跟我一樣經歷過期貨的洗禮，我相信當翻閱內容時，也會有種相見恨晚的感覺。如果是剛剛接觸期貨的新手，這本書必然可以讓你少走許多泥濘路。期貨投資並不可怕，跟著作者一步一步做好每個動作，它會是各位讀者一輩子都能受用與賺錢的方法。祝福你們！

（本文作者現為專職投資人，擅長私募基金操盤、家族基金會操盤，曾受《今周刊》雜誌、《理財周刊》雜誌、訪談節目《夢想街57號》訪問，著有：《當股神來敲門》、《當主力來敲門》、《海賊操盤法》、《股市大戶的時間買股術》。）

第 一 章

無論行情好壞，
台指期都能賺

一個真正的投資者並不會如賭博般隨意投放資金，
他只會投放於有足夠可能性獲利的工具上。

——美國共同基金之父　羅伊‧紐伯格
（Roy R. Neuberger）

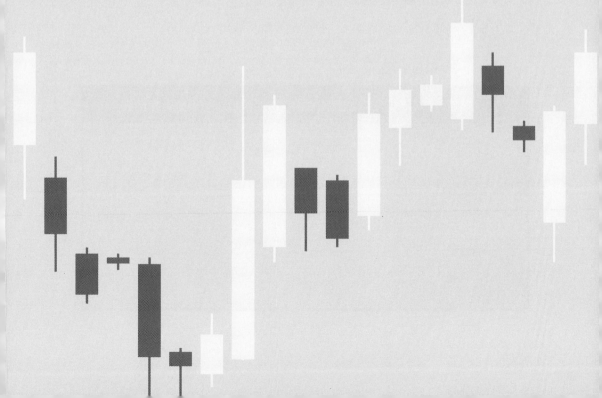

第一節
台指期是什麼？

　　台指期，就是「臺灣加權股價指數期貨」，簡稱「台股期貨」，是以「臺灣加權指數」為交易標的的期貨型商品。其中，又可分為「大型台指期貨（俗稱：大台）」與「小型台指期貨（俗稱：小台）」兩種。

　　其中，以單位價值而言，大台每點為 200 元，小台每點 50 元。舉例而言，若今天看好台指期會上漲（下跌）而買進（放空）布局，一旦上漲（下跌）100 點，則獲利金額為

- 大台＝100 點×每點 200 元＝20,000 元。
- 小台＝100 點×每點 50 元＝5,000 元。

　　所以，只要看對方向，不管漲跌你都能賺。

圖表 1-1　台指期貨產品比較

項目	大型台指期貨	小型台指期貨
中文簡稱	台股期貨	小型台指期貨
交易標的	台股加權指數	台股加權指數
英文代碼	TX	MTX
市場俗稱	大台	小台
單位價值（新臺幣）	每點 200 元	每點 50 元

交易時間

只要是股票市場開盤日，期貨市場就可以進行交易，但要注意開盤價與收盤價時間不同：期貨市場開盤時間比股票市場提早 15 分鐘，收盤時間延長 15 分鐘。交易時段有二：

- 早上 8:45 至下午 1:45。
- 下午 3:00 至次日凌晨 5:00。

另外，台指期以每月第三個星期三為結算日，當天的收盤時間提早 15 分鐘至與股票市場同步，請熟記時間，以免錯過交易時機。

圖表 1-2　台指期與股票交易時間比較

項目	期貨	股票
開盤日	週一～週五　除國定假日外	同左
開盤時間	日盤：早上 8:45　夜盤：下午 3:00	早上 9:00
收盤時間	日盤：下午 1:45　夜盤：次日凌晨 5:00	下午 1:30
結算日收盤時間	下午 1:30	X

台指期要怎麼交易？

了解台指期之後，接下來，最重要的就是要了解如何開始進行買賣交易。

交易台指期時，可分為看漲（作多）、看跌（放空）兩個方向。其中，看好行情，認為後勢會漲時：趁股價上漲前「買進」布局。待

股價上漲後「賣出」，取得漲價後的獲利。另外，不看好後勢，認為下跌機率高時，執行步驟與上述相同，唯方向相反：趁股價下跌前「賣出」布局，待股價下跌後將原先賣出的部位「買進」，以取得跌價後的獲利。步驟如下：

- **看好行情，認為後勢看漲：**

→買進後，如期上漲。

→賣出，取回獲利。

- **不看好行情，認為後勢看跌：**

→賣出後，如期下跌。

→買進，將賣出部位買回，取回獲利。

圖表 1-3　台指期的基本操作方式

看法	看漲	看跌
執行	先「買進」，再「賣出」	先「賣出」，再「買進」
股價上漲	獲利	虧損
股價下跌	虧損	獲利

保證金制度

交易台指期前，需先開立交易帳戶，並存入一筆保證金，稱為「原始保證金」。此保證金金額會調動，交易前請先至期貨交易所網站中查詢最新規定。截至 2022 年 1 月 5 日前，原始保證金的最新規

定金額為：

- 大台每口：184,000 元。
- 小台每口：46,000 元。

交易過程中若發生虧損，虧損金額會從帳戶內直接扣除。而帳戶內金額有規定之最低限額，稱之為「維持保證金」，從字面上可知，是必須「維持」在帳戶內的金額額度。其目前規定金額為：

- 大台每口：141,000 元。
- 小台每口：35,250 元。

意即，交易一口大台時，帳戶內金額必須維持在 141,000 元以上；交易一口小台時，帳戶內金額必須維持在 35,250 元以上。當帳戶內金額低於維持保證金的最低限額時，就必須補滿（請注意，這個金額同樣會變動，交易前請先至期交所網站確認最新規定）。

圖表 1-4　大、小台指期的保證金金額比較

項目	大台	小台
【原始保證金】 交易前， 帳戶內需先預存的金額	184,000 元	46,000 元 （對照大台＝4：1）[註1]
【維持保證金】 交易時中，帳戶內最低限額	141,000 元 （維持比例約 77%）[註2]	35,250 元 （維持比例約 77%）[註2]

＊資料來源：期交所網站，更新日期：2022 年 1 月 5 日。
註 1：以操作資金來說，操作一口大台的資金，可操作四口小台。
註 2：指「維持保證金」與「原始保證金」的比例。

每月結算時間

另外，要注意到：**股票與期貨最大的差異，就是期貨有結算日**（股票只要不融資融券或下市，就算股價只剩 1 元，券商也不會幫你處理，但台指不同，會定期結算）。以台指期而言，每個月的第三個星期三是為結算日，結算日的收盤時間，會提早為下午 1:30，當天收盤後會結算當月份的台指期，並進入到下個月的台指期。

比方說，如果你買五月份的台指期，會在五月的第三個星期三結束（結算日），因此，買進持有的五月份台指期，可在結算日終止前，主動選擇賣出時機；若未主動賣出，期貨商會以最終結算價幫你自動賣出。賣出後若還想繼續交易，就要改為買進六月份台指期。以此類推。

商品選項：從交易熱度最高的下手！

投資股票時，需從上千檔股票裡選出好股票來投資，股票選得好，獲利沒煩惱，股票選不好，獲利很煩惱。可見「選股」是一門大學問。投資台指期時，可省掉選股步驟，投資標的很清楚，就是台指期本身。

不過，新手剛入門時，可能會有點困惑：

1. 有好多「月份」可以選擇，怎麼選？

投資台指期時，可自由選擇「想投資的月份」。假設，10 月時想進場，當下有 10 月、11 月、 12 月……等月份的台指期可供選擇。建議以「成交量」最高者為主，成交量高代表「交易熱度」高，可讓交易更順利進行。如第 30 頁圖表 1-6 中，有 10 月、 11 月、 12

圖表 1-5　每月第三個星期三，為台指期結算日，可至期交所網站下載行事曆（見第四章第一節）

四　月						
日	一	二	三	四	五	六
					1	2
					三月大	初二
3	4	5	6	7	8	9
初三	兒童節	清明	初六	初七	初八	初九
10	11	12	13	14	15	16
初十	十一	十二	十三	十四	十五	十六
17	18	19	⑳	21	22	23
十七	十八	十九	穀雨	廿一	廿二	廿三
24	25	26	27	28	29	30
廿四	廿五	廿六	廿七	廿八	廿九	三十

五　月						
日	一	二	三	四	五	六
1	2	3	4	5	6	7
四月小	初二	初三	初四	立夏	初六	初七
8	9	10	11	12	13	14
初八	初九	初十	十一	十二	十三	十四
15	16	17	⑱	19	20	21
十五	十六	十七	十八	十九	二十	小滿
22	23	24	25	26	27	28
廿二	廿三	廿四	廿五	廿六	廿七	廿八
29	30	31				
廿九	五月大	初二				

六　月						
日	一	二	三	四	五	六
			1	2	3	4
			初三	初四	初五 端午節	初六
5	6	7	8	9	10	11
初七	芒種	初九	初十	十一	十二	十三
12	13	14	⑮	16	17	18
十四	十五	十六	十七	十八	十九	二十
19	20	21	22	23	24	25
廿一	廿二	廿三	夏至	廿五	廿六	廿七
26	27	28	29	30		
廿八	廿九	三十	六月大	初二		

七　月						
日	一	二	三	四	五	六
					1	2
					初三	初四
3	4	5	6	7	8	9
初五	初六	初七	初八	小暑	初十	十一
10	11	12	13	14	15	16
十二	十三	十四	十五	十六	十七	十八
17	18	19	⑳	21	22	23
十九	二十	廿一	廿二	廿三	廿四	大暑
24	25	26	27	28	29	30
廿六	廿七	廿八	廿九	三十	七月小	初二
31						
初三						

八　月						
日	一	二	三	四	五	六
	1	2	3	4	5	6
	初四	初五	初六	初七	初八	初九
7	8	9	10	11	12	13
立秋	十一	十二	十三	十四	十五	十六
14	15	16	⑰	18	19	20
十七	十八	十九	二十	廿一	廿二	廿三
21	22	23	24	25	26	27
廿四	廿五	廿六	處暑	廿八	廿九	八月大
28	29	30	31			
初二	初三	初四	初五			

九　月						
日	一	二	三	四	五	六
				1	2	3
				初六	初七	初八
4	5	6	7	8	9	10
初九	初十	十一	白露	十三	十四	十五 中秋節
11	12	13	14	15	16	17
十六	十七	十八	十九	二十	廿一	廿二
18	19	20	㉑	22	23	24
廿三	廿四	廿五	廿六	廿七	秋分	廿九
25	26	27	28	29	30	
三十	九月小	初二	初三	初四	初五	

十　月						
日	一	二	三	四	五	六
						1
						初六
2	3	4	5	6	7	8
初七	初八	初九	初十	十一	十二	寒露
9	10	11	12	13	14	15
十四	十五	十六	十七	十八	十九	二十
16	17	18	⑲	20	21	22
廿一	廿二	廿三	廿四	廿五	廿六	廿七
23	24	25	26	27	28	29
廿八	霜降	十月大	初二	初三	初四	初五
30	31					
初六	初七					

十一　月						
日	一	二	三	四	五	六
		1	2	3	4	5
		初八	初九	初十	十一	十二
6	7	8	9	10	11	12
十三	立冬	十五	十六	十七	十八	十九
13	14	15	⑯	17	18	19
二十	廿一	廿二	廿三	廿四	廿五	廿六
20	21	22	23	24	25	26
廿七	廿八	小雪	三十	十一月小	初二	初三
27	28	29	30			
初四	初五	初六	初七			

十二　月						
日	一	二	三	四	五	六
				1	2	3
				初八	初九	初十
4	5	6	7	8	9	10
十一	十二	十三	大雪	十五	十六	十七
11	12	13	14	15	16	17
十八	十九	二十	廿一	廿二	廿三	廿四
18	19	20	㉑	22	23	24
廿五	廿六	廿七	廿八	冬至	十二月大	初二
25	26	27	28	29	30	31
初三	初四	初五	初六	初七	初八	初九

＊資料來源：臺灣期貨交易所。

月台指期可選。在撰稿的此刻，是以 10 月為當月，成交量（總量）最高，代表交易熱度最高，可依此為主。

圖表 1-6 台指期的商品選擇

代碼	商品	成交	漲跌	總量	漲幅%	昨收
>>FITX10	台股指數101(一般)	17212↓	▼116	70077	-0.67	17328
FITX11	台股指數111(一般)	17189↑	▼103	588	-0.60	17292
FITX12	台股指數121(一般)	17140↓	▼105	42	-0.61	17245
FITX00	台股指數現貨	17281.79↓	▼72.21	--	-0.42	17354.00
FITXN10	台股指數101	17212↓	▼116	98193	-0.67	17328
FITXN11	台股指數111	17189↑	▼103	851	-0.60	17292
FITXN12	台股指數121	17140↓	▼105	70	-0.61	17245

*資料來源：XQ 操盤高手。

2. 怎麼名稱不同？

延續上述，以 10 月份台指期為例。光是 10 月份台指期就有兩個名稱代碼：「FITX10」及「FITXN10」，前者為「純日盤」資訊，後者為「含夜盤（盤後盤）資訊」，兩者為同樣商品，可互相交易。

選擇月份時，選擇以距離現今最近的月份（如當月），成交量最大、交易最熱絡。交易時，應注意市場交易熱絡度，熱度越高就越好買賣。這點請務必知悉。

交易台指期十大優勢

　　相較於台指期而言，多數人可能對於股票更熟悉，就連我自己也是從股票起頭。接下來，我就以台指期與台股做個比較，並整理出投資台指期的十大優勢，告訴你為什麼我最後棄股票選擇台指期，反而更穩定獲利。

　　一、免選股：這絕對是投資台指期最大優勢之一。在股市中選股是一門大學問，若不懂選股就不容易獲利。你一定有這樣的經驗：因為選錯股票，即使指數大漲了千點以上的行情，你的股票卻不動如山，有時甚至下跌，這樣的情形並不少見。但台指期不同，你只要判斷會漲或是會跌，順勢操作就會賺錢。

　　二、帳戶方便管理：在股市中，經常可見因為缺乏紀律或管理能力，而一不小心就買進滿手持股的投資人（我就是如此），自己也不知道怎麼去管理。如果你投資的是台指期，因為只有一種標的，就可以免去管理股票帳戶的麻煩。

　　三、股性單純：每檔股票具有不同股性，就像每個人有不同個性一般，有些股票股性溫溫吞吞，有些股票則活潑激進。選股票就像選對象，你得先摸清楚它的個性才容易獲利。而股市中有數千檔股票，你每換股一次就得重新認識一次，而且，不同時局又有不同的操作方式，如果不諳這個道理，就算指數漲翻天，你也很難嘗到甜頭。而操作台指期並沒有這個問題，只要針對台指期進行了解就可以了。

四、台指期一樣可以波段操作、慢慢來：「什麼，台指期也可以波段操作？」這是我告訴朋友自己的操作方式時，最常聽到的反應。一般而言，大家對於台指期的印象就是：迅速、危險，其實，台指期不只是能做快（短線操作如當沖、隔日沖，即當日買進、當日賣出，或當日買進、隔日賣出的交易方式），也能做慢（波段操作，指三日到五日以上，甚至是以週、以月為單位的操作方式），端看個人適合的操作方式，來選擇適合自己的操作頻率長短。

若有閒看盤時，當然可以搶短線、賺快利，但大多數人都是上班族、忙碌的家庭主婦等，沒有太多時間進行短線操作。像這樣不適合短線操作的投資人，應該將操作頻率加長，從短線中跳脫出來，改採長線波段操作。本書稍後所分享的操作方式，多以偏向長線波段操作為主。

五、可以雙向操作：除了上述的波段操作之外，台指期也可以雙向操作，這意味你隨時可以作多或是放空，只要你看多後勢行情，認為未來行情將會上漲，就可以買進多單，一旦行情如你所預期般上漲，你便享有作多的獲利；反之，若你看壞後勢認定行情將下跌，那麼就可以布局空單，一旦指數真的下跌，就能享有放空的獲利。

六、資金使用效益大：在期貨操作中，只要看對行情，獲利速度很快，資金投入不久後，就能回收，效率極大。看到這裡你可能會立刻聯想到：那風險也一樣會放大嗎？這可不盡然，只要能遵守紀律，在操作之前預先做好計畫，在計畫中進行交易，風險極易控制。

　　七、走勢容易預測：操作台指期還有個好處是：它總是循著老路走。由於加權指數經常反覆出現相似的走勢，因此連初學者都能輕鬆掌握。

　　八、同樣投資 20 萬元，台股只能找低價股，台指期卻可以操作好幾口：以資金面來說，台指期利用財務槓桿原理，具有以小搏大的效果，僅需少量資金，就可以買賣。若手上有 20 萬元資金，投資股票能選擇的標的其實很有限，多半只能以低價位的股票為主，反觀台指期，以相同金額已經可以同時交易好幾口小台指了。

　　九、放空成本更低：我們都知道行情趨勢會漲也會跌、會走多也會走空，為了獲利我們應該順應市場操作，看好行情將漲時，可以布局多單作多，看壞行情時，我們則可以布局空單放空。

　　以放空而言，使用台指期來操作放空，所需成本相較於台股低很多。尤其，當台股出現危機時，政府相關單位常以提高放空成本來救市。舉例來說，在 2015 年 8 月期間，由於股市跌幅大，金管會為了救台股而提高放空成本，將融券保證金乘數從 90% 提高到 120%。放空成本一旦提高，獲利相對會被壓縮，但這項救市措施，卻無法影響台指期的放空操作。因此，這也是在熊市（空頭市場）中操作台指期具備的最大優勢。

　　十、交易公開透明：不同於在股市中，經常發生內線交易的情形，相較之下台指期的交易資訊更公開透明，也不容易受到特定主力影響、炒作等，而影響股價行情，這讓投資人更容易掌握趨勢。由上

述可知，投資台指期其實比投資股票成本更低、更容易獲利，而且做的功課相對股票少，這麼一來就能爭取多一些時間思考如何布局，自然能提高勝率。最後，我以圖表 1-7 整理出股票與台指期的差異。

圖表 1-7　股票與台指期的比較

比較項目	股票	台指期
漲跌幅限制	10%。	10%。
交易時間	09:00～13:30。	兩個時段： ・8:45～13:45。 （結算日為 8:45～13:30） ・15:00～次日 5:00。
持有時間	無限制。	有到期日（以「每月第三個星期三」為結算日）。
發放股利	有。	無。
放空限制	以融券方式向券商借券，有券才得放空。	無。
優勢	・可領股息股利。 ・無到期日。	・不用選股。 ・放空無限制且成本更低。 ・無論行情漲跌都能做、每天都有行情。

圖表 1-8　操作台指期的十大優勢

1. 免選股
不會選股的人，就算指數漲翻天，你的股票卻不漲。交易台指期，可以免去選股的麻煩與困擾。

2. 帳戶方便管理
不再滿手套牢股，免去管理股票帳戶的困擾。

3. 股性單純
不用費時了解每檔股票股性，只要研究台指期就夠了。

4. 可以波段操作
有時間就搶短線，沒時間可慢慢做波段。

5. 可以雙向操作
隨時可以作多或放空。

6. 資金使用效益大
只要看對行情，獲利立即產生，風險也容易掌控。

7. 走勢容易猜
台指期易呈現週期性變化，連新手都能輕鬆掌握趨勢。

8. 同樣投資 20 萬元，台股只能找低價股，台指期卻可以操作好幾口
以少量資金就可以開始交易。

9. 放空成本更低
相較於放空股票，成本更低廉，空頭市場尤其明顯。

10. 交易公開透明
沒有股票內線交易的情形，交易資訊公開透明，讓投資人更容易掌握。

第二節
長短線並行，獲利更豐

　　操作台指期的投資人當中，有很大一部分的投資人會選擇短線操作。這是因為台指期具有：「不用花時間等待，每天都有大小行情可以操作」的特性。操作時間可短（短線操作）可長（長線波段操作），也可以長短線同步並行，以便掌握更多的行情與獲利機會。

將操作資金分成兩筆：短線與長線

　　以我為例，我的操作就分成兩個部分，一則以長一則以短，同時也將操作資金分成兩個部分，一部分進行短線操作，如當沖（當天買當天賣）或隔日沖（今天買明天賣）等。

　　而專門用來操作短線的資金，資金流動性較高，一旦發現獲利機會就進場卡位，見苗頭不對就快速撤出；對於這部分的資金，我獲利期望不大，只要有賺就會適時停利，入袋為安。相對來說，這筆資金對於風險承受度也不高，如果進場之後行情不如預期，那麼小賺小賠就先出場，絕對不允許這筆錢被套牢。

　　我對於這筆專門進行短線操作的資金的定義是：

　　一、可以迅速與靈活應用，發現機會就立刻進場，苗頭不對就馬上撤出。

　　二、行情不如預期時，寧可小賺小賠先出場，也絕不允許被套牢。最大風險承受控制在 **30 點到 50 點**，一旦超出，就無條件退出並

持續追蹤，等行情再度轉強後才重新投入，若行情持續轉弱就擇機反向操作。

三、如果短線操作不順手達三次，就休息、停止操作。

另一部分的資金，則主要進行中長線（波段）操作。這筆資金我通常會分成好幾部分進場，而不會一次投入。一開始會先試水溫，若有獲利再慢慢加碼。我對這筆資金的獲利期待比較高，相對的也願意承受較大幅度的震盪、風險承受度較高。我對於這筆中長線資金操作的定義是：

一、將此筆資金分成三次到四次分批投入，一開始先試單，有獲利才加碼。

二、願意承受較大幅度的震盪風險。**最大風險承受控制在 200 點以下**，前提是有足夠的保證金。

出手次數守紀律，交易方式保持彈性

台指期操作方式靈活多變，可隨著投資人喜歡的方式進行調整，甚至可以長短線交替著做。以我為例，我操作短線也操作長線，行情不確定的時候，我的操作主打短線操作（當沖、隔日沖），而對於行情有把握時，便主打長線操作（波段）。

另外，有時候行情發展時間較長，此時手中的長線投資可能還在進行中，卻在同一時間看見短線操作的獲利機會（短線指數快速震盪），這時我會同時操作長線與短線，不過有一點要特別注意，長線與短線的資金一定是分開的。另外，會同時操作短線與長線的情形還

有：當看準長線行情將要進行，但還不是那麼有把握時，就先進行短線操作，等到行情如期發展，再由短線操作轉為長線操作。我將同時操作長線與短線的三種做法整理如下：

一、長線操作與短線操作同時進行，但分成兩筆資金。

二、若行情發展超越預期，從短線操作轉為長線操作。

三、若行情發展不如預期，從長線操作轉為短線操作。

長短線一起做，資金務必分開、按比例分配

由此可知，長線操作與短線操作可以分開行動，也可以同時進行，但我建議在開始操作前，**務必先妥善分配長短線操作資金的配額**。比方說，如果希望操作模式能夠較為穩健，以波段獲利為主，那麼長線操作的資金分配比例就要較高；如果希望操作迅速靈活，以搶短線快利為主，這時短線操作的資金分配比例就要較高。

那麼，如果只有一筆資金，又是第一次操作台指期呢？我建議就先從短線操作開始。在這個階段裡，最主要的功課是：感受台指期的波動、適應它的節奏、練習你的盤感，還有最重要的——控制你的風險。剛好在短線操作時，可以極度感受台指期的股價波動、所需承受的風險也有限（30 點到 50 點以下），最適合初學者。

第三節
123 法則，100 萬輕鬆變成 200 萬

投資台指期的最大好處是，無論市場漲跌，每天都有行情可以作，還可自由選擇投資時間要長線還是短線，自主性很高。但別忘了，每次出手都存在著交易成本（編按：依據各家券商不同計價的交易手續費）。換言之，對台指期投資人來說，能否控制交易次數，決定你的獲利多寡。

從市場的角度來看，當然希望投資人能頻繁進出、積極交易，以此籠絡人氣、製造出市場繁榮的景象，但若你總被行情左右、看到一點風吹草動就移動資金，很容易就讓這筆錢在移動中被稀釋，連帶壓縮了獲利空間。

幸好這個問題不難解決，只要控制看盤時間，養成在固定時間看盤就好的習慣。

以我為例，目前我每天這樣安排時間：

● **盤前，上午 8:45 前**

到廚房泡杯咖啡端進辦公室，接著，開始瀏覽國際股市、盤前資訊（了解市場主要資金流向）、閱讀財經標題與重要內容、了解日韓股市開盤到早盤走向，以進入備戰狀態。

● **盤中，上午 10:30 前**

台股今日行情大致已經定向（我通常會在 10:30 前，就完成前一日已先決定好的交易項目）。參考日韓陸股市、台股加權指數、電子與金融指數，以及最新領漲（領跌）指標股的早盤表現。

圖表 1-9　我的交易日時程安排

盤前（早上 8:45 前）
- 閱覽國際股市。
- 瀏覽盤前資訊（市場主要資金流向）。
- 閱讀財經要聞標題與重要內容。
- 了解日韓股市開盤走向。

早盤（早上 10:30 前）
- 台股今日行情大致已經定向。
- 完成預定之交易項目。
- 參考陸、港股市開盤表現。
- 參考以下標的早盤表現：
  - （1）台股大盤（加權指數）。
  - （2）電子、金融指數。
  - （3）最新領漲指標股早盤表現。

午盤（中午 11:30 到 12:30）
離開盤面休息一下（預設警示鈴聲自動看盤），準備迎接尾盤行情。

尾盤（下午 1:00 後）
- 預估尾盤行情（拉尾盤或殺尾盤）。
- 總結今日行情，並推演今日夜盤到明日行情發展、擬好後續交易計畫。
- 決定交易項目去留（部位留倉或出清）。

夜盤（下午 3:00 後）
- 了解夜盤開盤行情表現：
  - （1）確認「日盤收盤」表現，對後續行情的影響。
  - （2）若日盤價位曖昧，需搭配夜盤價位再做確認。
- 在隨身看盤軟體上，預設警示鈴聲自動看盤，待鈴響時動作（預備進場或出場）。

● **午盤，大約中午 11:30 到 12:30**

這段時間行情通常變動不大，可離開盤面稍作休息（預設警示鈴聲自動看盤即可），準備迎接精彩的尾盤行情。

● **尾盤，大約下午 1:00 後**

台股即將進入尾聲，此時我會開始總結今日行情，並從中預演今日夜盤到明日盤中的行情發展，並預先擬定好交易計畫，以決定交易項目的去留（部位留倉或出清）。

● **夜盤，下午 3:00 後**

從隨身看盤軟體上，了解夜盤第一小時行情表現：

（1）確認「日盤收盤表現」對「夜盤」的影響。

（2）若有日盤價位曖昧的情形，需搭配夜盤價位一起確認。

因為該做的都在早上做好了，因此夜盤通常相對輕鬆，僅在隨身看盤軟體上預設警鈴聲來自動看盤，若行情有重大變化，鈴聲會提醒我，於鈴響時動作就好（預備進場或出場）。

以上，是我的「專職投資人，一日投資生活時程安排」。而我就是這樣，日復一日，維持規律的生活步調。

上班沒時間看盤，正適合投資台指期

我聽過許多上班族說：「上班根本沒時間看盤，實在不適合投資……。」這種說法並不正確，其實正因為上班族無法時時盯盤，才是投資台指期最大的優勢。由於只能在既定的時間看盤，反而能克服操作焦慮與過度交易。另外，目前也開放盤後交易，因此，只要安排

好時間，就能靠台指期為自己加薪。

由於現在看盤軟體非常方便，只要打開電腦或智慧型手機，隨時隨地都能掌握行情。如果你擔心自己一忙起來就忘了注意行情，只要透過看盤軟體設定目標價位，當接近目標價位時，警示功能會發出「嗶嗶嗶」的聲響來提醒你，這時候再依照既定計畫交易即可。

當然，這意味著你得預先做好功課。建議可以利用閒暇時間，打開電腦上的看盤軟體，由於現在的看盤軟體很先進，你可以在上面繪圖，用自己看得懂的方式解釋盤勢，了解行情。

我交易時有一個原則：只用自己看得懂的方式解盤，只用自己懂的方式交易，只操作看得懂的行情。

不過要提醒一點，若你無法時時看盤，就不要選擇時間短、頻率快的操作方式。比方說，只有中午才有時間關心盤勢，建議你改以時間較長、級距較遠的操作頻率，例如：以日線操作或 60 分鐘線操作，會比選擇以 1 分鐘線、5 分鐘線或 10 分鐘線等更適合你。

以日線來說，一天才產生一根 K 線，以 60 分鐘線來說，每小時才產生一根 K 線，這類型的 K 線頻率較穩定，除非是遇到大行情，否則盤中變化有限，只要選定好價位並設定好警鈴，等你下班後再看盤都還來得及（詳見第五章）。

漲跌都能賺，爭取最大獲利空間

台股期貨市場無論處於多頭漲勢或空頭跌勢中，都有行情可做。上漲時以操作多方為主；下跌時以操作空方為主。換言之，作多好賺時要作多；放空好賺時要放空。適應市場，靈活交易，才能爭取最大

獲利空間。

　　而根據我的交易經驗，只要把事做對，獲利是非常自然的事。而我自己的投資習慣是：試單→初步獲利→加碼→放大獲利→再加碼→繼續放大獲利（見圖表 1-10）。只要獲利一直產生，就繼續這個步驟，直到盤勢改變為止。像這樣把交易導入正向循環裡，藉此滾動資金、放大收益。由此可知，只要守紀律的交易，獲利絕對不是難事。

圖表 1-10　守紀律的交易，獲利絕對不是難事

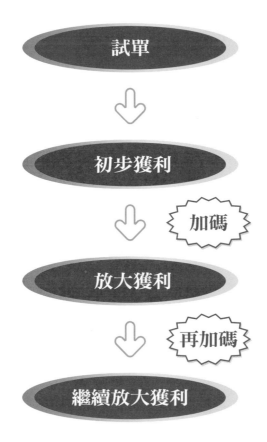

掌握 123 法則，幫你年年加薪 30%

基於投資台指期的諸多好處，加上近幾年自己的投資經驗，我歸納出簡單的「123 法則」讓新手朋友可以更快了解台指期。亦即：

1. 只要追蹤一種標的（就是台指期）。

2. 鎖定兩種行情（漲時作多、跌時放空，多空都能賺）。

3. 想買進一口小台，需準備的金額不到 5 萬元（請參閱最新保證金制度），便可開始進場交易，進入門檻不高，並能為自己爭取每年穩定獲利的機會。

我一開始接觸期貨時，是以一口小台為主，因為我認為它是台股期貨市場中，最容易上手的入門標的；當時交易一口小台的實際投入資金不到 3 萬元，便可隨時參與台股市場中，各種大大小小的行情，但須注意到保證金存放比例，於本書後續會說明。

另外，順勢操作對於新手投資人來說，也是最容易上手的，亦即：交易前先找出當時市場的主要行情後，順應趨勢以單一方向來進行操作，並且要避免時而作多、時而放空，這般多空不定的交易策略。比方說，若近日行情連續走揚，台指期股價不斷創新高，代表行情偏多，那就以多方操作為主；反之，近日行情連續走跌，台指期股價不斷創新低，代表行情偏空，那就以空方操作為主。

一開始進行交易時，請務必重視風險，依據個人情況來控制額度。一開始可先控制在 20 點以下，等到熟練以後慢慢調高為 30 到 50 點以下。以小台 1 點 50 元來計算，風險額度約為 1,500 元到 2,500 元以下（未含交易成本）。

我以上述簡單模式，展開了我的台指期交易生涯，並不斷累積投

資經驗。在經過摸索期後，獲利情形慢慢趨向於穩定，至目前為止，年平均獲利在 30% 以上。

圖表 1-11　台股期貨市場近年多、空方行情對照表／每季都有大行情

年度	時間	多方行情／漲幅
2021	1～4 月	漲 3,067 點（14,635 點漲到 17,702 點）
	5～7 月	漲 3,019 點（15,027 點漲到 18,046 點）
	8～9 月	漲 1,451 點（16,145 點漲到 17,596 點）
2020	3 月～12 月	漲 6,444 點（82,68 點漲到 14,712 點）
2019	1～4 月	漲 1,789 點（9,305 點漲到 11,094 點）
	8 月～12 月	漲 2,103 點（10,095 點漲到 12,198 點）

年度	時間	空方行情／跌幅
2021	4～5 月	跌 2,675 點（17,702 點跌至 15,027 點）
	7～8 月	跌 1,901 點（18,046 點跌至 16,145 點）
2020	1～3 月	跌 3,931 點（12,199 點跌至 8,268 點）
2019	4～5 月	跌 876 點（11,904 點跌至 10,218 點）

＊資料來源：以「台股指數近月（代碼 FITX*1）」週線圖計算。

新手須知：期貨術語基本入門

● 盤面：指盤中資訊，如開盤價、最高（低）價、收盤價、成交量……等。

● 部位：又稱之為「倉位（或契約）」，為期貨與選擇權專有名詞；買入股票稱為「持股」，買入期貨稱為「持有部位」或「持有倉位（契約）」。

● 建倉：建立倉位，此指買入期貨多單或放空期貨空單。

● 持倉：持有倉位。

● 平倉：出清倉位。

● 砍倉：當帳戶內保證金不足（低於規定之維持保證金額度）時，期貨商會對投資人發出保證金催繳通知。若未補足，為避免投資人發生超額損失，期貨商會強制平倉，即稱之為砍倉。

● 交割、轉倉：期貨每個月有結算日（每月第三週星期三），買進部位後，若在結算前未平倉，期交所會自動以該日結算價，將該部位以市價結算（稱之為「交割」）。結算後，投資人若認為行情會延續，可買入新月份的台指期，即完成「轉倉」動作。

第二章

從開戶到下單，
第一次買賣就獲利

股市是謠言最多的地方，如果每聽到什麼謠言，
就要買進賣出的話，那麼錢再多也不夠賠。

——日本股神　是川銀藏

第一節
如何開立交易帳戶

投資台指期前，需先到券商開立帳戶。常被網友提問：「到哪家開戶比較好？」其實，我覺得都差不多，只要到住家附近的券商開戶，方便就好。至於手續費多寡，我也覺得不是問題，重點是能獲利，而不是計較手續費。如果真的很在意，那麼就大概詢問個三家做比較。另外，如果能有熱心營業員會更好，可以請對方指導如何使用軟體，或提供其他相關資訊。只要使用方便、服務好，手續費高一點也值得。

選定券商後，由券商營業員帶領你填寫申請表單，完成後就可以開立帳戶。關於營業員的選擇，每個人偏好不同，有些人喜歡經驗老道的資深營業員，感覺比較心安，有些人則喜歡剛入券商的菜鳥營業員，態度較親切服務又好，可依據個人不同需求與喜好來選定。重點是，與營業員配合時，頻率要對、要能溝通。

完成帳戶開立後，將保證金存入帳戶內。接著，開始設定與登入交易軟體。若一開始對系統不熟悉，可請營業員幫忙處理，有些券商也有指導新手使用軟體的教育課程，都可以詢問營業員。最後，連接上交易系統後，就可以進行線上交易。提醒一點，一定要記下營業員或券商的服務電話，以備不時之需。

另外提醒一點，若你想要節省時間，也可以先與業務員預約開戶時間，並在網路上填妥基本資料，接著只要帶證件（身分證、健保卡或駕照等第二證明文件、印章、任一家銀行存摺）至現場，完成用印

及簽署合約，待審核通過即可完成開戶。你也可以參考圖表 2-1，了解線上預約開戶流程。

圖表 2-1　開立台指期交易帳戶流程

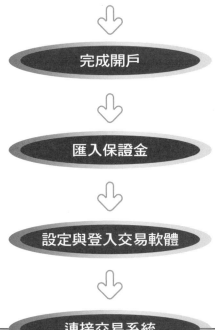

圖表 2-2 一步一步拆解，這樣開設帳戶（以群益期貨為例）

第一步 登入群益期貨的網站

（https://www.capitalfutures.com.tw）。

第二步 點選快速開戶下的預約開戶。

第三步 詳閱合約說明後，至最下方點選「同意」，並點擊下一步。

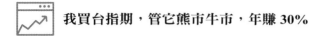
第四步 在開立帳戶的選項選取國內／外期貨，並填妥個人資料，接著點選畫面右下方的下一步。

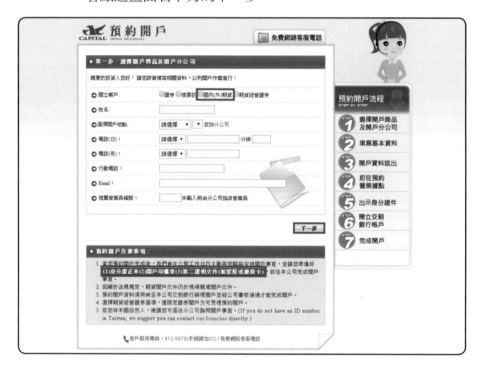

第五步 待專人通知，攜帶證件（身分證、健保卡或駕照等第二證明文件、印章、任一家銀行存摺）至指定開戶地點，完成用印及簽署合約，審核通過後即可完成開戶。

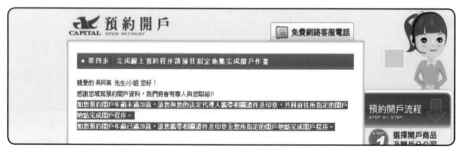

＊資料來源：群益期貨網。

開立帳戶後，先入金才能進行交易

完成開戶後，接下來就要將錢存入客戶保證金專戶，才能開始下單。所謂入金，就是交易人將個人資金撥轉，存入期貨經紀商開立於金融機構之客戶保證金專戶，以從事期貨、選擇權交易或補繳保證金。假設你想要操作的是大台指，就要先在客戶保證金專戶裡存入期交所網站中所規定的最新保證金額度。以下是入金的流程：

圖表 2-3　入金的流程

```
┌────────────────┐
│ 通過審核並取得   │
│ 期貨交易帳號     │
└────────────────┘

        ⋮  簽署期貨開戶文件→領取開戶資料→取得期貨交易帳號

┌────────────────┐    ┌─────────────────────────────────┐
│                │    │ 存入方式有下列五種：（限使用約定帳戶）│
│                │    │ 1. 臨櫃存入        2. 他行匯款     │
│ 客戶自行匯款 ●──┼────│ 3. 自動櫃員機（ATM） 4. 電話語音轉帳 │
│                │    │ 5. 網路跟行                      │
└────────────────┘    │ 完成後請向所屬營業員確認匯入，或經由網路下│
                      │ 單系統查詢。                     │
                      └─────────────────────────────────┘

        ⋮  匯入保證金

┌────────────────┐
│ 群益期貨         │
│ 客戶保證金專戶   │
└────────────────┘
```

＊資料來源：群益期貨網。

　　若操作一陣子後開始累積盈餘，想要提領出來，就可以使用出金的方式，把錢從保證金專戶轉回自己的戶頭。不過要注意一點，期貨商會限定最後申請出金的時間，大部分是下午 2:00 前申請者，皆可於當日匯入你的帳戶，若超過時間就得等下一個營業日才會入帳。以下為出金流程：

圖表 2-4　出金的流程

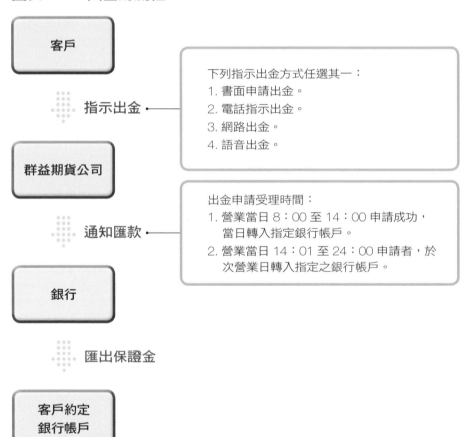

客戶

指示出金

下列指示出金方式任選其一：
1. 書面申請出金。
2. 電話指示出金。
3. 網路出金。
4. 語音出金。

群益期貨公司

通知匯款

出金申請受理時間：
1. 營業當日 8：00 至 14：00 申請成功，當日轉入指定銀行帳戶。
2. 營業當日 14：01 至 24：00 申請者，於次營業日轉入指定之銀行帳戶。

銀行

匯出保證金

客戶約定
銀行帳戶

＊資料來源：群益期貨網。

第二節
如何下單？步驟詳解

完成入金手續，將保證金存入券商專戶中，就可以開始操作。

圖表 2-5　下單流程教學（以「XQ 操盤高手」為例）

第一步　進入操作介面。

❶ 進入「XQ 操盤高手軟體」頁面，登入帳號密碼後，點選「期貨」選項即可進入報價畫面，顯示行情發展現況。

❷ 操作時，以成交量大者為主，流通性較好。接下來以第一項「台股指數 101（一般）」為範例操作。

第二步 設定介面。

① 進入後，所呈現出來的畫面可自由設定，按滑鼠右鍵會出現選單，點選「設定」，並從中搜尋各項功能，可以自己尋寶試一試。

② 範例這是我個人喜歡的畫面呈現方式：左側是分時走勢圖，右上是各式報價資訊，右下是技術線圖（K 線圖）。

第三步 下單。

① 點開下方的「下單列」。

② 點選「期」。

③ 點選「商品」，大台選擇「TX 台股指數」，小台選擇「MTX 小型台指」。

④ 選定商品後，「預估保證金」欄中會顯示該商品的最新保證金規定額度，如時下為大台每口 184,000 元，小台每口 46,000 元，請依自己的資金情形來選擇。

⑤ 輸入欲交易「口數」。

⑥ 「價格」欄位選定欲成交方式，例如：限價或市價。

⑦ 完成上述步驟後，點選「立即下單」即完成下單。

補充說明

在「下單列」裡，有一個下拉選單，裡面有三種選項：ROD、IOC、FOK（見上圖圈示處），以下分別說明：

ROD（Rest of Day）
是指當日有效單，是以限價方式掛單，直到當天收盤前，這張委託單都是有效的。一般而言，以限價方式下單時，系統會自動設定為 ROD。

IOC（Immediate-or-Cancel）
下單後，盡量搓和成交（可部分成交），未成交的部分會自動取消。舉例來說，目前市場現有 10 口大台要賣，但你想要買 20 口，那麼就會只能買到 10 口，而不足的 10 口會自動刪單。一般而言，掛市價單時，系統會自動設定為 IOC。

FOK（Fill-or-Kill）
立即全部成交（不可部分成交），否則取消。掛出委託單後，市場上需要有足夠的口數讓你成交，否則全數刪單。舉例來說，目前市場現有 10 口大台要賣，而你想要買 20 口，此時會因為市場上賣單不足，所以委託單全數取消。

五種常見的下單方式，視情況運用

期貨市場的交易單型種類很多，以下介紹最常用的五種，你可以視不同的交易情況靈活運用。

一、市價單──迅速成交

所謂市價單（Market Order），是以市場現售價格成交。這裡需要注意的是，因為時間延遲（將交易市價傳送至交易軟體時所需時間）的關係，你在看盤軟體上所看到的價格並非最新市價，而是上一

筆的成交價。

因此，即使以市價單買進，但買到的價格，常與看盤軟體上的即時價格有所出入。比方說，當顯示目前市價為 100 元時，實際成交金額，可能高於或低於 100 元。因此，在交易時要保守估計交易金額，勿抓得太緊太近，要將這筆浮額預先納入。

至於市價單的最佳使用時機為何？只要你已經看準趨勢，並確定價格未來方向，想以最快速度成交時，那麼市價單就會是你此時的最佳選擇。

二、限價單──依限定價格交易

是指「預先限定好價格的買賣單」，可依事先預定好的限定價（或優於限定價）來進行交易。成交價是我們可以自己掌握的，買進時可依限價（或低於限價）的價格買到；賣出時可依限價（或高於限價）賣出。

值得注意的是，當市場的流通性較低，及交易價格變動較大時，使用限價單並不保證可以成功。比方說，當漲勢已經確定，且上漲速度快，此時若使用限價單容易錯失買點，在這種情況下，建議使用市價單。

三、開盤市價單──看好行情、搶先布局

指示在交易當天開盤時段，以市價買賣之指令，為開盤後一段時間內以市價成交。適用於當你對行情很有把握、預估即將出現大行情時，可善用這種單來搶得先機、快速布局。

四、收盤市價單——今日事今日畢

指示在交易當天收盤時段，以市價買賣之指令，為收盤前一段時間內以市價成交。持有部位時，見收盤前市價並未達到預先設定好的「停利（或停損）價」，但預期隔天可能出現行情變化時，就可善用這種委託單，以在收盤前平倉。

五、停損單——即時控制風險

持有部位時，可預先下好單，一旦市價到達委託價格時就會自動成交，以降低損失。想「限定風險承受範圍、只在安全範圍內進行交易」時，可善用停損單。

值得注意的是，此單是以停損為目的，而成交價是以當時市價來成立，可能高於或低於委託價。

第三節
新手投資人，
如何善用保證金制度

保證金制度的設定，是為了確保每個投資人有足夠的資金水平來供應正常交易行為，因此，若交易發生虧損導致保證金低於維持保證金以下，就會被通知補滿，以證明自己是有能力負擔的。但反過來想，若是對於風險掌控較不靈光，則維持保證金的制度，反而可以成為控管風險的工具。

請仔細想想看，當被通知需要補滿維持保證金時，約已經虧損二成五左右，此時損害已經不輕。一般而言，虧損到達一成，就應該敲響警鐘、警惕自己了。我聽過很多例子，因虧損而造成保證金維持比例不足而被追繳，由於對於行情一直錯判，面臨接連虧損，只好一直不停地追加保證金。

但是，如果你把被通知追繳保證金這件事，視為是一個警鐘呢？被追繳保證金時，反而可以藉機想想，是不是自己誤判了行情導致虧損。應該趁著這個機會，把行情仔細分析後，再決定是否繼續追加保證金。

因此，我認為維持保證金制度，並不是要故意給投資人找碴，而是提供一種保護功能，在無形中為我們設定了一個停損點，減少虧損的幅度和機會。

正因為只有在交易金額發生虧損且到達一定比例時，才會發生被

追繳的情形。因此，若此情形一直發生，肯定是對於行情的判斷有問題，此時，與其一味追繳保證金，不如重新檢視自己的投資方式。

提高保證金存放比例

新手朋友在操作期貨時，可將保證金制度視為保護功能、停損門檻。當第一次被要求補滿「維持保證金」時，表示虧損已超過兩成，在此我不建議新手朋友為了怕被斷頭，而馬上順應券商通知立即補滿保證金，反而應先強制平倉，退場觀望，待重新評估行情擬定計畫後再進場。

等到操作累積一段時間，已經開始比較能夠適應市場，對於行情的判斷也更有把握時，此時才可以將保證金帳戶內的金額慢慢提高，使自己的操作部位可以耐得住更大的震盪，降低被券商強迫賣出斷頭的機會。

以我為例，我喜歡將保證金帳戶內的比例維持在 1：2，意即：即使只操作一口台指期，卻在帳戶內存放至少兩口（甚至三口）的保證金金額。這是為了因應長線波段操作時的大幅震盪，乾脆一開始就存放多一點保證金，這對我來說比較安心，也可以更寬心的將注意力集中在操作上。

因為我見過市場上太多例子，都是因為受到保證金不足而影響操作。有鑑於此，為了避免帳戶裡的保證金不足被強迫平倉，或是想下單卻錢不夠等情況，請務必時時檢視自己帳戶內的保證金金額。

另外，建議將交易口數維持在雙數（兩口以上），較有利於操作，例如後續加碼，或是分批賣出。

比方說，如果你準備的金額只夠交易一口大台，那麼建議換算成小台，約可操作兩口以上，以此滿足交易口數達到雙數的水準。不必一口定生死，可以分批操作，讓資金使用更有效益。

 投資知識補給站

● **盤中保證金追繳**：依據盤中損益試算後之報表，如發現會員之保證金餘額不足，期交所將對保證金不足之會員發出盤中保證金追繳通知。此通知將透過電腦連線系統，傳送保證金追繳金額及追繳帳戶類別，至會員之電腦系統。

除了以電腦系統傳送資料外，為確認會員確實接獲追繳通知，期交所亦應以電話通知，以免延誤會員補繳保證金時機。

依「期交所業務規則」第 89 條第 2 項及「期貨商、結算會員辦理結算交割作業要點」第 4 條規定，會員於電腦系統接獲期交所追繳通知後，應於一小時內立即將保證金補足。

● **盤後保證金追繳**：依據「期貨商、結算會員辦理結算交割作業要點」第 8 條規定，每日盤後結算後，若結算會員當日結算保證金權益（自營或客戶）低於應有保證金時，結算會員應主動於作業時間內補繳保證金。結算會員盤後保證金追繳作業時間為當日下午 3:30 前。

＊資料來源：臺灣期貨交易所。

第四節
五大常見交易風險

任何交易本身都存在風險，但風險也會帶來機會。如何在控制風險的前提下爭取最大利潤，是前進投資市場前該先知道的事。一般來說，操作台指期有以下五大常見風險。

一、損益風險

當操作方向與市場走向不同，或市場表現不如預期時，就會產生損益風險。

二、交易信用風險

投資發生虧損且達一定程度時，就會被期貨商追討保證金，若未能在規定時間內補滿保證金，就會被強制平倉，也就是我們稍早提到的被迫平倉、斷頭。當然，前面我已提示，關於此風險可以由提高保證金維持比例的方式克服，若你是個需要被人緊盯操作紀律的人，那麼保證金制度就是你的停損警鐘，讓你能即時保護資金、控制風險。

三、時效風險

台指期與股市最大的不同，就是有結算制度，除了**有每日結算保證金之外，每個月也會針對當月台指期來結算**，這個月的台指期結算後，就進入到下個月的台指期市場中操作。因此，要注意持有部位的時限。

四、掛單技巧

有時行情走得很快，如果未能即時掛對單型（*如前述第 52 頁*），就容易錯過行情。例如當行情走得快時，卻用限價下單，就可能會錯失良機。關於掛單技巧，只有多多練習才能更加熟稔。如果真的搞不定，也可以與營業員配合以電話下單。

五、軟體系統風險

通常，在我們眼前跳動的台指期股價，已經是上一筆的成交價。交易時，要把這筆浮額納入成本考量。

圖表 2-7　台指期常見交易風險

類型	情況	對策
損益風險	1. 操作方向與市場的走向不一致。 2. 市場表現不如預期。	加強判斷行情與操作技巧。
信用風險	當發生虧損且達到一定程度時，會被追討保證金。若未能即時補滿，則強制平倉。	1. 善用保證金制度來控制交易風險。 2. 增加保證金存放比例至 1：2 以上。
時效風險	1. 每日結算保證金。 2. 每月第三週的星期三結算當月台指期。	1. 善用保證金制度來控制交易風險。 2. 可在結算日前轉換操作的月份。
掛單技巧	行情走快時，若掛錯單就會錯過行情，或因賣不掉而承受風險。	經由多加練習來熟悉掛單的技巧。
軟體系統風險	看盤軟體上的成交價，與實際成交價金額會略有差異。	納入成本考量。

第三章

像軍人一樣
按表操課，我把
100 萬變 200 萬

行情永遠不會太高，高到讓你不能開始買進，
也永遠不會太低，低到不能開始賣出。

——德國證券界教父　安德烈・科斯托蘭尼
（André Kostolany）

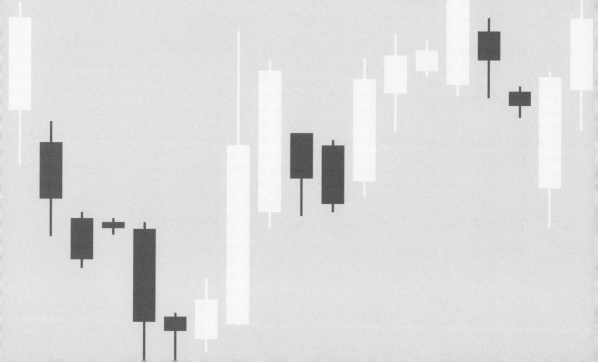

第一節
我離開公職，生活反而更穩定

經歷一年左右花錢買經驗的摸索期後，我終於找到一套簡單、勝率高且可以重複套用的獲利方式，讓我的投資績效，從原先不成熟的大起大落，趨向於成熟穩定。我的做法就是，**以中長線（波段）交易為主，短線（當沖、隔日沖等）為輔**。因為，我相信短線行情需要建立在波段行情的基礎上，一段波段行情裡，蘊藏了無數次短線行情，而波段行情也需要仰賴短線行情的延伸，兩者可說是相輔相成。

因此，當趨勢成立初期，這時候對於行情還不是那麼有把握，交易策略應偏向短線，僅以少部分資金進場，若行情發展不如預期，能即時撤退傷害就不大，要是行情能如期發展，那便是以極好的價格，搶先建立了基本部位。

如此一來，若後續行情越漲越兇，距離初買進成本價越來越遠，便可享有絕佳成本優勢。

短線搶快錢、長線賺波段

換言之，短線操作就像搶賺快錢，只要看準行情，自然能嘗到甜頭。而且預先設定好停損防守，一樣能確實控管風險，並達成穩定獲利的目標。而波段操作，就像放長線釣大魚，為了成就更大的波段利潤而需有所取捨，只要行情還在持續進行中，就別自我設限，在正確的時機點搭上順風車，乘著行情順勢將獲利績效持續向上推升。

　　此外，還有一點非常重要，就是要順勢操作，也就是順應當時的主流趨勢而進行交易，亦即：**當趨勢在多頭漲勢中，作多好賺，以作多為主；當趨勢在空頭跌勢中，放空好賺，以放空為主。**

　　在交易中，我信奉「長線保護短線」這項教條，就像前面提到的：短線行情是建立在波段行情的基礎上。交易時，若把判斷行情的範圍圈選太小，就容易誤判，使成功率降低。

　　這也是我在交易初期經常犯的錯誤，當時的我常與趨勢逆勢而為卻不自知，交易績效果然不盡人意，後來開始懂得把判斷行情的範圍擴大，了解長線保護短線的道理並順勢操作，績效才逐漸轉好。

　　何謂長線保護短線？比方說，在多頭漲勢、多頭市場（又稱牛市）中，此時趨勢向上、行情走多，價格會越漲越高，若順勢作多，就容易受到趨勢力量的保護，即使不慎追高買進而暫時套牢，假以時日，價格又會再漲回（甚至是超越）你當初買進的價格。反之，若在此時逆勢放空，就容易踢到鐵板。

　　而在空頭跌勢、空頭市場（又稱熊市）中，此時趨勢向下、行情走空，價格會越跌越低，若順勢放空，同樣會受到趨勢力量的保護，但若逆勢作多，就容易踢到鐵板。比方說，若在空頭市場中作多且買高套牢，千萬別期望價格會漲回你當初的買進價，因為在行情走空之下，價格只會越跌越低。

　　順勢操作的好處在於：你永遠無需擔心買進價格是否太差，因順勢而為時，**買進價格永遠不是重點，賣出價格才是決定獲利的關鍵。**以多頭漲勢而言，即使你當初以高價買進，但因為趨勢向上，未來一定會出現更高的價格讓你賣出。這就是受到趨勢力量保護的好處。

　　前面提到，順勢操作最容易賺到獲利，那麼，何時會用到逆勢操

作呢？通常，當行情已經進行了一段時間，等到股價跌深或漲高時，這時候我會嘗試逆勢猜頭或摸底，但這時候一定是秉持著以短線心態與少量資金來進行，有賺就跑不貪多，也能避免盤勢無預期反轉而造成損失。

除了長線保護短線之外，還有另外一個相對面「短線帶領長線」。長線行情成立之初，有賴短線行情的帶領，唯有短線行情能走得長長遠遠，才能成就長線行情。正因為了解「長線保護短線，短線帶領長線」這個本質，因此我在台指期的交易中，**以中長線（波段）交易為主，另以短線交易為輔**。獲利基礎主要建立在中長線交易中，而短線交易則是為了避險或搶短線快利。

如果你手上已經有正在使用中的看盤軟體，有一個小技巧可以幫助我們正確判斷行情：將畫面定格在你熟悉的操作頻率上，比方說：先打開日線圖，然後將畫面放大慢慢拉近距離，仔細端詳近日以來的走勢，再將畫面慢慢縮小拉遠距離，以重新檢視整體趨勢是走多（牛市）還是走空（熊市）。

 投資知識補給站

● **牛市（Bull market）**：又稱多頭市場，是指股市或經濟呈現長期上漲多頭格局的向上趨勢，市場充滿樂觀氣氛。

● **熊市（Bear market）**：又稱空頭市場，多用來形容當股市或經濟呈現長期下滑的空頭格局。

圖表 3-1　漲多拉回，趨勢仍是上漲

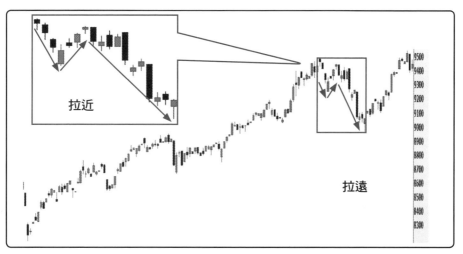

＊將線圖拉近時，看似跌勢（左上圖），但將線圖拉遠後，才知原以為的跌勢實則為
　漲多拉回，整體趨勢向上，未來仍看漲。

＊資料來源：中國信託致富王軟體。

圖表 3-2　跌深反彈，趨勢仍走跌

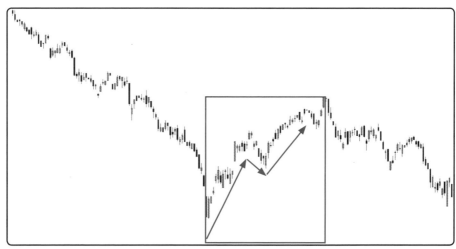

＊圖中框內範圍裡行情看似漲勢，待拉遠距離後再檢視，才知漲勢只是跌深後的反彈
　行情，整起趨勢向下，未來仍看跌。

＊資料來源：中國信託致富王軟體。

目標：按表操課，穩定獲利

此外，我認為無論做任何事，目標是最重要的，當然，目標需要具體化。交易台指期同樣要擬定目標與計畫，也就是先設定好你的獲利目標。

關於設定獲利目標又分為兩個階段：

一、交易前先評估這筆單最多會下跌多少、至少要上漲多少。

二、為了達成最終目標，每個月要獲利多少。

以我的例子來說，一開始我對於交易台指期並沒有很大的期待，只求每個月能穩定獲利就夠了。因為當時剛從軍中退伍不久，我老是笑自己交易台指期就像在當兵一樣，每天執行一樣的工作、每個月領差不多的薪水，就很滿足了。

初期，我把每月獲利目標設定在 3 萬元上下，不算多也不算少，大概就是一個上班族的基本薪資水平。3 萬元若以小型台指期每點 50 元來計算，這意謂我每個月應該要獲利 600 點，600 點除以每月平均有 20 個交易日，相當於我每天要獲利的金額為 30 點（上述未計入手續費等交易成本）。一旦把這些數值設定出來，那麼我的目標就很明顯了，自然知道自己努力的方向。

> 以小台指每點 50 元為例：
>
> （一）每月目標獲利 3 萬元：3 萬元÷50 元＝600 點
>
> （二）每日目標：600 點÷20 個交易日＝30 點／天

圖表 3-3　將每月獲利目標，換算成實際金額

步驟一

預設獲利目標
例如：每月 3 萬元。

步驟二

換算成台指期點數
以每月獲利 3 萬元為例：每月應獲利 600 點。

步驟三

把每月目標，細分出每日獲利目標
以每月獲利 3 萬元為例：每天應獲利 30 點。

目標清楚，獲利更有動力！

第二節
數學不好沒關係，
會看圖就行

坦白說，雖身為職業投資人，但我接觸的投資專業著作其實不多，唯一能好好看完的投資相關著作，就是外子的書，因為裡面寫了許多有關我的事。

不過，我會這樣是有原因的，因為外子是專業投資人，我則是他的第一個學生。他把所學與實務經驗結合後，全部教授並耐心訓練我，經過充分溝通與在他嚴格監視之下，了解我的投資個性，並篩選過濾最適合我的操作模式，一旦經過測試成功就繼續沿用，我才能找出專屬於我的獲利模式，累積實務經驗與獲利成功值。

另外，我自己很專注在技術線圖的研究，台指期有很多狀況都是可以預知的，就像與人交往，一旦相處久了也能慢慢摸清楚對方的個性，這裡面藏了很多的獲利機會，如果能了解它下一步將怎麼走，就可以提早布局。

賺錢，是投資的唯一目的

每一個商業行為背後都存有一個夢想，就像每一次交易都為獲利而努力。最佳的交易行動起於「以最小風險來取得最大獲利」。以商業的角度而言，最小規模的商業起於家庭式，若貨品賣不掉頂多留給自家用；操作中，最小風險的交易，莫過於在經過計算，且可控制的

風險下進行投資。

在交易之前，就已經先能預估獲利、預知風險，讓自己在計畫中進行，可望以最小的風險爭取最大的獲利機會。

成功商業人士與專業投資人，大多擅長心理重建，並了解自己的獲利模式，能把握住每次機會並認真執行。在執行過程中，你能看見他們的專注與認真的神情，好像天塌下來都無法干擾他們。我想，就是這份專注與認真讓他們成功的。於是我開始模仿，沒想到慢慢練就出一種特異功能：每當我開始進行一筆交易時，就會自動發展出一種狹隘的操作視野，讓我只**專注於眼前的股價變化，是否能維持在計畫之內**。

這讓我不再關注其他不相關的資訊，注意力聚焦在眼前的操作計畫是否如期進行。只要行情優於預期，就放大獲利，若劣於預期，就控制風險，讓自己盡量避免受到太多市場資訊干擾，因為眼前的股價波動，就是最真實的結果。我鼓勵每個人都要訓練自己，培養出這種專注力，這能幫助你對盤勢更有心得，並從中挖掘機會。

交叉比對參考數據，讓你解盤精準

在交易過程中，你可以參考幾項主要數據，但不要太多，以免太過雜亂反而擾亂操作。我在市場中見過許多朋友非常用功，自行記錄了許多數據，但交易績效卻不見得比較好，反而因為看了太多數據而干擾操作。

比方說有個朋友，明明很用功，但操作績效不佳，仔細檢討才知道，他的操作週期是以短線為主，但參考的數據內容卻都是極長線，

兩相比對之下根本無法相容，也可能因為以短線方式進場，卻以長線方式停損，在兩者不對稱之下，造成莫大損失。

有鑑於此，在選擇交易中所使用的參考數據時，一定要確實交叉比對，務必要能互相對稱、彼此相容，做短線就看短線數據，做長線就看長線數據，千萬避免「看短做長」或「看長做短」這類矛盾的交易行為。

比方說，若你以短線交易為主，那麼就要積極觀察盤勢，並以週期較短的技術線圖來作為主要參考，如此才能確實掌握短線行情；若你以長線交易為主，那麼就要避免積極看盤，並以週期較長的技術線圖來作為主要參考，以避免干擾情緒。

達到整體組合的平衡狀態，才能提高勝率

相較於只檢視單一變數，倒不如思索「整體組合的平衡狀態」，能讓勝率更高。因為，個別檢視單一變數時的想法，往往在檢視整體組合後而變得不同。比方說，**價格上漲時，資金流向卻是反向減碼，由此可推測漲勢可能受阻**；或是，價格下跌時，技術指標卻有利於推升行情向上，這時眼前的跌勢就可能只是短暫的拉回等。

一個參考數據就代表一個變數，你可以選擇三個以上的數據，當行情發生變化時，將各個變數獨立出來。比方說：價格表現、資金流向、技術指標變化等，一次檢視一種，接著再以合理邏輯探索完美組合，例如價格上漲時，資金流向是否順應漲勢？技術指標是否有利於推升行情等，整體檢視組合中的個別變數，如何相互牽制與影響。

交易不只是放長線釣大魚，一個大趨勢的形成往往需耗時醞釀，

利用等待期間，以短線進出爭取利潤，讓長線操作與短線操作並存，可充分利用時間與資金，使效益極大化。

統計自己的勝率，挑最在行的方式操作

如同經營事業，老闆最熟悉的莫過於成本與利潤，在操作過程中，投資人務必知悉交易成本，更要做到預估獲利。亦即在操作之前，了解自己的投資成本，以及如果這筆成功，預期獲利是多少？如果這筆失敗，最大虧損金額更得由你決定與控制。

至於如何有效控管成本與利潤，這就取決於你的操作方式與獲利模式。就像決定開業前，至少得先學會專業技巧。要開始操作台指期，當然也得先學操作技巧。每個投資人使用的方式不盡相同，有些人用技術分析，有些人用籌碼分析，也有人透過基本分析操作，無論是哪種，只要是能讓你獲利的，就是引你進入這一行的基石，即使你將來學會了新招，也永遠不要拋棄它們，要持續拿來互相結合、強化功能。

在反覆操作的過程中，有個絕對重要的功課：**務必試著統計自己最擅長的獲利模式**，了解自己究竟擅長長線操作，還是短線操作？哪一種手法賺的錢比較多？經過統計後，你會找到自己的操作專長，接著只要複製成功經驗，自然能放大獲利。

圖表 3-4　投資台指期各階段的決策重點

投資前

1. 決定操作模式。
2. 選擇有利市場。
3. 確立獲利目標。
4. 預估最大風險。

投資中

1. 掌控行情變化與風險。
2. 決定退場或加碼投資。

記錄勝率

1. 記錄投資時各種情緒反應。
2. 記錄自己最容易獲利的模式。
3. 記錄自己最容易虧損的模式。

第三節
啟動你的台指期獲利模式

投資台指期，僅需要一筆小額資金就可以進場操作。當然，這筆資金必須是閒置的。

這個時期，不急著求獲利，而是先適應市場節奏。因此酌量布局是這個時期的重點。先以小量資金進場，若誤判行情也可以快速撤回。一旦開始賺錢，就代表對於行情的判斷正確，此時可以繼續加碼，放大獲利部位。

相反的，若一開始便感覺獲利困難，可能就是看錯行情的警訊。此時要先停看聽、冷靜觀望或先撤回資金，絕對不可以為了要降低成本，而去做無謂的攤平。

趁第二次到第三次加碼之間，賺飽下車

一旦加碼後繼續賺，你的成本就越來越低，當獲利持續產生，可以試著再次加碼，也就是進行第二次的加碼。能進行到這個階段，通常顯示一段趨勢已經形成，此時對於獲利無需設限。

但是，當加碼到一定程度，開始感於獲利情形不像以往那麼順利、利潤開始下降，這可能顯示行情即將告一段落。這時候就要準備適時停利，將持有部位分批出脫，獲利了結。

在多數情形下，**第二次加碼到第三次加碼的獲利狀況最佳**。第三次加碼到第四次加碼時，通常已接近趨勢末端，行情準備要休息了。

以這個模式來操作，一開始投入的資金，因為取得價位成本最低，相對能享有最佳的成本優勢，若後續加碼情形不如預期，也可以平衡虧損。這也說明**交易時，最好習慣以複數部位（兩口以上）來操作**，以有效控管資金與策略操作。

圖表 3-5　啟動你的台指期獲利模式

試單：小量買進

趨勢初步成立，但尚未成定局，且風險仍在。此時，先小量買進試單，若看錯行情也可快速撤回資金。

獲利產生

賺到錢，代表行情如預期中發展。相反的，若無法產生獲利，可能是錯判行情的警訊。

加碼：第二次買進

在獲利產生前提下，加碼增加持有部位，以放大獲利。

獲利再產生

第二次加碼也開始產生獲利。此時，第一次進場時的成本已經越來越低，也越來越有利。

（續下頁）

加碼：第三次買進（含以上）

投資能進行到這個階段，顯示趨勢已經形成，無需設限獲利，只要獲利情形持續產生，就繼續加碼。

獲利下降

在執行了數次加碼後，獲利情形開始下降。這也顯示原本行進間的趨勢，可能即將暫時告一段落。

賣出部位，適時停利

獲利產生時，無需設限獲利金額，而當獲利下降時，將持有部位分批出場、獲利了結。

第四章

觀察三大法人及
大額投資人動向，
看出賺錢趨勢

讓趨勢成為你的朋友，絕不冒險把錢投資在我完全
不了解的市場。

——全球最佳基金經理、投資大師　彼得・林奇
（Peter Lynch）

第一節
善用線上免費資訊，
讓你做對決策

操作台指期期間，我個人習慣使用線上可免費取得的實用資訊，其中最常瀏覽的網站如「臺灣期貨交易所」，裡面豐藏寶貴資訊，新手投資人可以多加利用。接下來，我將帶著你一個步驟一個步驟，好好認識這個網站，並從中找出實用資訊。

圖表 4-1 台指期相關資訊網站

網站名稱	網址	qrcode
臺灣期貨交易所	https://www.taifex.com.tw	

圖表 4-2 「臺灣期貨交易所」網站功能介紹與使用

第一步	點選左上「商品／股價指數期貨類」，會跳到台股期貨（即是大台）的頁面，亦可以切換至小型台指期貨（即是台指期、小台）的頁面。

第二步　頁面會出現商品的相關資訊。可特別留意：交易時間、契約價值、到期月份與結算時間等。

臺灣期貨交易所股份有限公司 「臺灣證券交易所股價指數期貨契約」規格	
項目	**內容**
交易標的	臺灣證券交易所發行量加權股價指數
中文簡稱	臺股期貨
英文代碼	TX
交易時間	• 本契約交易日同臺灣證券交易所交易日 • 一般交易時段之交易時間為營業日上午8:45～下午1:45；到期月份契約最後交易日之交易時間為上午8:45～下午1:30 • 盤後交易時段之交易時間為營業日下午3:00～次日上午5:00；到期月份契約最後交易日無盤後交易時段
契約價值	臺股期貨指數乘上新臺幣200元
契約到期 交割月份	• 自交易當月起連續三個月份，另加上三月、六月、九月、十二月中三個接續的季月契約在市場交易 • 新交割月份契約於到期月份契約最後交易日之次一營業日一般交易時段起開始交易
每日結算價	每日結算價原則上採當日一般交易時段收盤前1分鐘內所有交易之成交量加權平均價，若無成交價時，則依本公司「臺灣證券交易所股價指數期貨契約交易規則」訂定之
漲跌幅限制	各交易時段最大漲跌幅限制為前一一般交易時段每日結算價上下百分之十
最小升降單位	指數1點（相當於新臺幣200元）
最後交易日	各契約的最後交易日為各該契約交割月份第三個星期三
最後結算日	最後結算日同最後交易日
最後結算價	以最後結算日臺灣證券交易所當日交易時間收盤前三十分鐘內所提供標的指數之簡單算術平均價訂之，其計算方式，由本公司另訂之
交割方式	以現金交割，交易人於最後結算日依最後結算價之差額，以淨額進行現金之交付或收受
部位限制	• 交易人於任何時間持有本契約同一方之未沖銷部位總和，不得逾本公司公告之限制標準 • 法人機構基於避險需求得向本公司申請放寬部位限制 • 綜合帳戶，除免主動揭露個別交易人者適用法人部位限制外，持有部位不受本公司公告之部位限制
保證金	• 期貨商向交易人收取之交易保證金及保證金追繳標準，不得低於本公司公告之原始保證金及維持保證金水準 • 本公司公告之原始保證金及維持保證金，以本公司結算保證金收取方式及標準計算之結算保證金為基準，按本公司訂定之成數計算之

最後交易日若為假日或因不可抗力因素未能進行交易時，以其最近之次一營業日為最後交易日。(詳見臺灣證券交易所股價指數期貨契約交易規則)

第三步　點選左上方「行事曆」後，在新視窗裡點選第二項「匯率、商品類商品」。

　　點選「匯率、商品類商品」後，會跳出如第 88 頁畫面，圖中圈示處為每月結算日，可列印出來貼在明顯的地方，以提醒自己。

一月

日	一	二	三	四	五	六
						1 廿九
2 三十	3 十二月小	4 初二	5 小寒	6 初四	7 初五	8 初六
9 初七	10 初八	11 初九	12 初十	13 十一	14 十二	15 十三
16 十四	17 十五	18 十六	19 十七 ○	20 大寒	21 十九	22 二十
23 廿一	24 廿二	25 廿三	26 廿四	27 廿五	28 廿六	29 廿七
30 廿八	31 廿九					

二月

日	一	二	三	四	五	六
	1 正月大	2 初二	3 初三	4 立春	5 初五	
6 初六	7 初七	8 初八	9 初九	10 初十	11 十一	12 十二
13 十三	14 十四	15 十五	16 十六 ○	17 十七	18 十八	19 雨水
20 二十	21 廿一	22 廿二	23 廿三	24 廿四	25 廿五	26 廿六
27 廿七	28 廿八					

三月

日	一	二	三	四	五	六
		1 廿九	2 三十	3 二月小	4 初二	5 驚蟄
6 初四	7 初五	8 初六	9 初七	10 初八	11 初九	12 初十
13 十一	14 十二	15 十三	16 十四 ○	17 十五	18 十六	19 十七
20 春分	21 十九	22 二十	23 廿一	24 廿二	25 廿三	26 廿四
27 廿五	28 廿六	29 廿七	30 廿八	31 廿九		

四月

日	一	二	三	四	五	六
					1 三月大	2 初二
3 初三	4 兒童節	5 清明	6 初六	7 初七	8 初八	9 初九
10 初十	11 十一	12 十二	13 十三	14 十四	15 十五	16 十六
17 十七	18 十八	19 十九	20 穀雨 ○	21 廿一	22 廿二	23 廿三
24 廿四	25 廿五	26 廿六	27 廿七	28 廿八	29 廿九	30 三十

五月

日	一	二	三	四	五	六
1 四月小	2 初二	3 初三	4 初四	5 立夏	6 初六	7 初七
8 初八	9 初九	10 初十	11 十一	12 十二	13 十三	14 十四
15 十五	16 十六	17 十七	18 十八 ○	19 十九	20 二十	21 小滿
22 廿二	23 廿三	24 廿四	25 廿五	26 廿六	27 廿七	28 廿八
29 廿九	30 五月大	31 初二				

六月

日	一	二	三	四	五	六
			1 初三	2 初四	3 端午節	4 初六
5 初七	6 芒種	7 初九	8 初十	9 十一	10 十二	11 十三
12 十四	13 十五	14 十六	15 十七 ○	16 十八	17 十九	18 二十
19 廿一	20 廿二	21 廿三	22 夏至	23 廿五	24 廿六	25 廿七
26 廿八	27 廿九	28 三十	29 六月小	30 初二		

七月

日	一	二	三	四	五	六
					1 初三	2 初四
3 初五	4 初六	5 初七	6 初八	7 小暑	8 初十	9 十一
10 十二	11 十三	12 十四	13 十五	14 十六	15 十七	16 十八
17 十九	18 二十	19 廿一	20 廿二 ○	21 廿三	22 廿四	23 大暑
24 廿六	25 廿七	26 廿八	27 廿九	28 三十	29 七月小	30 初二
31 初三						

八月

日	一	二	三	四	五	六
	1 初四	2 初五	3 初六	4 初七	5 初八	6 初九
7 立秋	8 十一	9 十二	10 十三	11 十四	12 十五	13 十六
14 十七	15 十八	16 十九	17 二十 ○	18 廿一	19 廿二	20 廿三
21 廿四	22 廿五	23 廿六	24 處暑	25 廿八	26 廿九	27 八月大
28 初二	29 初三	30 初四	31 初五			

九月

日	一	二	三	四	五	六
				1 初六	2 初七	3 初八
4 初九	5 初十	6 十一	7 白露	8 十三	9 十四	10 中秋節
11 十六	12 十七	13 十八	14 十九	15 二十	16 廿一	17 廿二
18 廿三	19 廿四	20 廿五	21 廿六 ○	22 秋分	23 廿八	24 廿九
25 三十	26 九月小	27 初二	28 初三	29 初四	30 初五	

十月

日	一	二	三	四	五	六
						1 初六
2 初七	3 初八	4 初九	5 初十	6 十一	7 十二	8 寒露
9 十四	10 十五	11 十六	12 十七	13 十八	14 十九	15 二十
16 廿一	17 廿二	18 廿三	19 廿四 ○	20 廿五	21 廿六	22 廿七
23 霜降	24 廿九	25 十月大	26 初二	27 初三	28 初四	29 初五
30 初六	31 初七					

十一月

日	一	二	三	四	五	六
		1 初八	2 初九	3 初十	4 十一	5 十二
6 十三	7 立冬	8 十五	9 十六	10 十七	11 十八	12 十九
13 二十	14 廿一	15 廿二	16 廿三 ○	17 廿四	18 廿五	19 廿六
20 廿七	21 廿八	22 廿九	23 小雪	24 十一月小	25 初二	26 初三
27 初四	28 初五	29 初六	30 初七			

十二月

日	一	二	三	四	五	六
					1 初八	2 初九
3 初十	4 十一	5 十二	6 十三	7 大雪	8 十五	9 十六
10 十七	11 十八	12 十九	13 二十	14 廿一	15 廿二	16 廿三
17 廿四	18 廿五	19 廿六	20 廿七	21 廿八 ○	22 冬至	23 十二月大
24 初二	25 初三	26 初四	27 初五	28 初六	29 初七	30 初八
31 初九						

＊每月第三個星期三為最後結算日，該日之交易時間會提早於下午 1:30 結束。

第四步　點選上方「保證金」後，可了解個別商品不同的保證金金額與相關制度。

商品別	結算保證金	維持保證金	原始保證金
臺股期貨	136,000	141,000	184,000
小型臺指	34,000	35,250	46,000
臺指選擇權風險保證金(A)值	35,000	37,000	48,000
臺指選擇權風險保證金(B)值	18,000	19,000	24,000
臺指選擇權風險保證金(C)值	1,800	1,900	2,400
電子期貨	133,000	138,000	180,000
小型電子期貨	16,625	17,250	22,500
電子選擇權風險保證金(A)值	34,000	36,000	46,000
電子選擇權風險保證金(B)值	17,000	18,000	23,000
金融期貨	58,000	61,000	79,000
金融選擇權風險保證金(A)值	14,000	15,000	19,000
金融選擇權風險保證金(B)值	7,000	8,000	10,000

若想進一步了解保證金制度，可點選網頁上「結算業務」→「保證金」→「盤中保證金追繳」，可深入了解保證金完整制度。

＊收到盤中保證金補繳通知，投資人須於一小時內補足，否則期貨商有權以市價為客戶強制平倉其持有部位。

＊資料來源：臺灣期貨交易所。

第二節
掌握三大法人動向，
跟市場先行者一起行動

　　台股的交易量，有逾三分之一是由三大法人（外資、投信、自營商）所組成；而在期貨市場上，受到定期結算制度的影響（月結算、周結算等），三大法人在期貨市場的多空操作都非常靈活，其持有的多空倉位變化，也緊密的影響著現貨大盤的表現。若想掌握 200 點上下的小波段行情，就一定要關注期指三大法人未平倉量的分析。但這些資訊要去哪裡找？

　　從臺灣期貨交易所，可以看到三大法人的動向，只要你在首頁點選「交易資訊→三大法人→查詢→總表→依日期」。每天盤後都可從這裡，了解三大法人的交易情形（見第 92 頁圖表 4-3）。

　　其中可分「依日期」與「依週別」查詢。點選欲查詢日期，就會產出需要的資訊。其中，位於上方「交易口數與契約金額」欄位，可顯示三大法人今天盤中的資金與操作方向；下方「未平倉口數與契約金額」欄位，則可顯示三大法人對於後市的看法。

　　未平倉量的數據，主要是多單留倉口數減去空單的留倉口數，以第 93 頁圖表 4-4 的數值為例，2021 年 9 月 17 日自營商的未平倉量為 47,525 口，即代表多單留倉口數較多（淨多單）；投信與外資的未平倉量分為 -497 口和 -266,217 口，即代表其部位是淨空單。

圖表 4-3　從臺灣期貨交易所，看出三大法人的動向

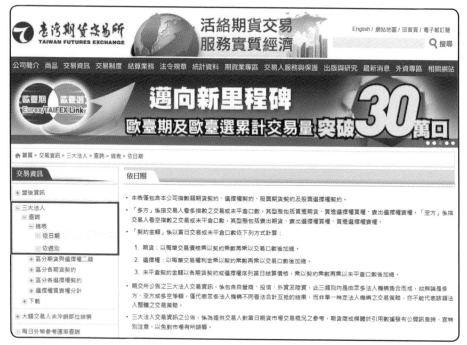

＊資料來源：臺灣期貨交易所。

　　由於外資法人的資金部位都非常龐大，而且其消息及資訊的正確性，都大大優於我們這些散戶投資者，若外資的淨部位偏多，我們可直觀的判斷未來指數上漲的機會就會高些；因此可以觀察法人布局的方向，當成是我們操作的參考。

　　根據統計，若外資留倉的淨空單部位若大於 1 萬口之後，要小心近日行情回檔的機率就會提高。

圖表 4-4　可自由選擇依日期或依週別查詢，所得資訊可看出三大法人動態

總表

單位：口數；百萬元(含鉅額交易，含標的證券為國外成分證券ETFs或境外指數ETFs之交易量)

日期2021/09/17

身份別	交易口數與契約金額					
	多方		空方		多空淨額	
	口數	契約金額	口數	契約金額	口數	契約金額
自營商	229,490	42,779	218,625	47,591	10,865	-4,812
投信	74	256	0	0	74	256
外資	332,167	305,021	330,545	296,511	1,622	8,510
合計	561,731	348,056	549,170	344,102	12,561	3,954

當日交易情形：多方較空方多 1 萬 2561 口 ◄

身份別	未平倉口數與契約金額					
	多方		空方		多空淨額	
	口數	契約金額	口數	契約金額	口數	契約金額
自營商	200,389	84,101	152,864	37,685	47,525	46,416
投信	19,801	55,244	20,298	62,199	-497	-6,955
外資	106,853	93,773	373,070	208,675	-266,217	-114,902
合計	327,043	233,118	546,232	308,559	-219,189	-75,441

當日未平倉（留倉）口數：多方較空方少 21 萬 9189 口 ◄

藉由記錄「交易口數」與「未平倉口數」，來了解近期的市場資金流向。記錄時，請以「長期記錄（至少 3 週）」為主，我們需要藉由長期數字的累積與變化，來了解當前市場資金流向對於行情的影響。因此，若記錄時間太短，會因資訊量不足而產生誤判。關於這點，請一定要記住喔！

＊資料來源：臺灣期貨交易所。

大額交易人──市場的先行者，這樣掌握

　　在首頁點選「交易資訊→大額交易人未沖銷部位結構→查詢→期貨大額交易人未沖銷部位結構表」→輸入「日期」與「契約」項目。就可於每天盤後，掌握大額交易人的交易情形與看法。

圖表 4-5　查詢大額交易人的動向

＊資料來源：臺灣期貨交易所。

台指期貨三大法人籌碼簡易評估

從圖表 4-4 中，我們可以了解三大法人交易的最新情形。查詢步驟：從上列網頁中點選「交易資訊／三大法人」後，即可顯示出三大法人交易情形。

所謂「三大法人」，即是外資、投信與自營商三者的合稱，因操作資金龐大而易影響市場行情，因此其資金流向極具指標性。

查詢三大法人資訊時，可依「日期」與「週別」來做選擇。我個人習慣是：先以「日期」循日記錄，並定時以「週別」來做整體檢視。藉由這項記錄，來了解近期三大法人的資金流向。

選擇以「日期」查詢時，可了解到當日的交易情形：

● 交易口數與契約金額

可顯示出當日市場上的多、空交易量（口數與金額），並從「多空淨額」欄位中了解最終結果：哪一方（多或空）交易量較高？高了多少（口數與金額）？最後再對照當時行情表現。

● 未平倉口數與契約金額

顯示當日多、空部位未平倉（留倉）情形，也就是三大法人選擇繼續留在台指期市場中的部位，此也顯示三大法人對於市場行情後勢發展看法如何。

一般來說，當空方未平倉部位較高時，代表法人對於後勢看法偏向保守；反之，當多方未平倉部位較高時，則顯示法人對於後勢看法偏向樂觀。

實戰應用：確認行情、擬定策略

將上述資訊彙整後做出綜合判斷。以圖表 4-4 中的數字為例：

1. 交易口數：多大於空 1 萬多口。
2. 未平倉（留倉）口數：多小於空 21 萬多口。
3. 對照當日行情：大漲。
4. 綜合判斷：

　　當日行情大漲，多單交易量熱絡，但市場看法保守，使多單停留在市場時間縮短（當沖量居多）。再藉由上述第 2 項了解到，市場對於後勢看法保守。綜合判斷行情為「短多長空」。確認行情後，再擬定策略：短多長空之際，多單不適合長放、要見好就收；由於是短多行情，因此要避免追高、見漲追漲，並反向留意，若見盤中壓回時，即是伺機逢低布局的機會。以此類推。

　　在圖表 4-4 中，我們可以分別查詢到外資、投信與自營商的多空交易與未平倉情形。在一般情況下，若三大法人對於行情走向看法一致時，對於行情發展更具影響性。

　　舉例來說：當三大法人同步看多，且多方未平倉量大幅超越空方未平倉量時，代表法人對於後勢看法樂觀，易影響市場行情偏多發展（急漲、大漲或跌後易漲）。於此，投資人可留意「買進信號」何時出現並順勢作多；而當大法人同步看空，且空方未平倉量明顯高過多方未平倉量時，代表法人對於後勢看法保守，也易影響市場行情朝向空方發展（急殺、大跌或漲後易跌）。於此，投資人可留意「轉弱信

圖表 4-6　當日交易資訊簡易評估與應對策略

交易口數 ＼ 未平倉數	後勢看漲（多＞空）	後勢看跌（空＞多）
盤中見漲 **（多＞空）**	盤中、盤後籌碼皆偏多，代表： 行情偏多 順勢作多	盤中籌碼偏多，盤後籌碼偏空，代表： 短多長空 避免追高、逢高停利 （或放空）
盤中見跌 **（空＞多）**	盤中籌碼偏空，盤後籌碼偏多，代表： 短空長多 避免殺低、逢低布局多單	盤中、盤後籌碼皆偏空，代表： 行情偏空 順勢放空

號」何時出現並順勢操作。

　　以上，是三大法人看法同步的情形。那麼，當三大法人對於行情看法不一致時呢？那麼一來，就容易影響行情變得更震盪、波動明顯增強，形成所謂的「震盪盤（或稱為盤整盤、盤局）」。

　　藉由記錄三大法人資金流向，再搭配實際行情來推估行情後勢。記錄時，除了注意多空部位的資金比例之外，還有一個重點再次提醒：藉由長期記錄，來累積資訊量並追蹤其間的數字變化，避免因記錄時間過短而使資訊量不足，導致誤判的情形產生。

　　若只以單日的角度來觀察，範圍太過狹隘，顯得不夠客觀，務必要累積多日的行情觀察，才能了解整體趨勢的變化。藉由觀察連日來的資金流向與變化、資金部位調整比例等，來客觀判斷當前的盤勢方向、推估未來行情可能走向。

　　這一點很重要，**以多日行情所累積而成的趨勢變化，來推估未來**

行情走向的準確性，會遠遠勝過以單日行情來判斷。所以，要使用這個方式來評估資金變化時，一定要先經過多日統計後再綜合評估，所得結果才較客觀且全面。

外資部位最大，影響大盤走勢

在三大法人之中，通常以外資的部位最多而且金額也最大，最容易撼動指數價位。因此，可藉由外資持續性的布局，來推估未來行情的走向。

以多方漲勢而言：

（一）見指數處於漲勢中，而外資也以繼續持有或布局多方部位居多，可能顯示外資對於行情看法樂觀，能助漲漲勢。

（二）若指數處於漲勢中，但從資金流向中卻見外資持續調降多方持有部位時，可能顯示外資正值逢高獲利，或對於當前漲勢看法趨向保守。若此，需關注技術面上是否出現「轉弱信號」，並留意行情轉向的機會。

以空頭跌勢而言：

（一）見指數處於跌勢中，而外資也以繼續持有或布局空方部位居多，可能顯示外資對於行情看法趨向保守，有助於空方跌勢。

（二）若見指數處於跌勢中，但從資金流向中卻見外資持續調降空方持有部位時，可能顯示外資正將空單逢低獲利，或對於當前行情看法轉向樂觀，因此調降手中空方部位。若此，需關注跌勢是否出現轉向變化（止跌或轉強）。

當三大法人看法不一致

持有部位較多、投注於市場資金較龐大者，總能撼動市場行情。而三大法人，就是處於市場上這個重要的角色。

當三大法人看法一致時，最有助於啟動一段新行情或驅動原先的趨勢續航。相反的，當法人之間看法出現分歧時，則易使行情出現拉鋸戰，導致行情震盪。

行情震盪時，常見指數易處於「特定區間（稱為震盪區）」內上下徘徊，且多見「漲後壓回、跌後遇漲」情形，代表上漲時，遇有壓力阻礙（逢高獲利潮、賣壓出籠）；下跌時，也有低接買盤當支撐。如此一來，行情漲不了也跌不了，只能被壓縮在「震盪區」內來回，形成震盪行情。

這時期，若檢視資金動向，常可見法人看法分歧（部分看多而部分看空）。此也代表行情正值曖昧期、未來發展尚未明朗，還需要花點時間來釐清。於此，我們可藉由記錄法人資金流向，來關注並即早了解法人心意何時開始出現變化。

不急於出手，耐心等局勢明確再進場

每當指數來到一個「臨界點」，比方說，震盪行情之際，指數來到震盪區的區間高（或區間底）時，表示行情出現轉向變化的機率提高，可能會繼續維持在震盪區間內，也可能向上突破區間高（或向下跌破區間底），來嘗試脫離震盪區範圍，以邁向下一段行情。

每當行情來到這個重要時刻，許多高手會開始「賭方向」——賭行情會向上突破（或向下跌破）區間。但對於新手而言，我會建議，

這種「賭」局就留給高手去做吧！我們寧可暫時在場外觀望，多花點時間等候，待更明確的方向出現後，再進場也不遲。

一般而言，當行情來到「臨界點」時，震盪會加劇、波動會增強，使行情變化更大、陷入多空激戰中。然而，在此同時也開始醞釀下一段行情啟程。因此，建議新手朋友，此時不妨從技術面上來判斷最終結果（多空激戰，最後誰贏？）並順勢操作。

新手投資人，可藉長期的資金記錄，來了解資金流向變化，以利於提早預知行情可能出現的變化；再配合技術面，來確認進、出場時機。如此一來，能讓策略更全面，有助於在行情起漲（或起跌）時，搶先布局多（空）單部位，抑或是在行情尾聲即時停利、完美出場。

第三節
台指期最強功能：
預知台股未來行情

台指期最偉大、最強功能之一，就是：身為台股未來行情的先知、台股市場領先指標。不知道大家是否常耳聞：**期貨領先現貨先表態**，而這裡所謂的「期貨」，其實就是指台股指數、台指期。而「現貨」指的就是台股大盤、加權指數。

換句話說，若想預知台股行情將來走向，可以先參考台指期的走勢，因為它會領先表態。說到這裡，不如我們先來讀一讀下面這篇新聞：

● **新聞標題**：台指期持續走高，領漲台股市場
● **新聞內容**：受國際股市影響，台指期（期貨）領先加權指數（現貨）翻紅並持續走揚，為台股連日來的走跌，注入一番新氣象，醞釀止跌。

以上述新聞為例，正當台股市場連日走跌之際，卻出現台指期領先翻紅的情形，亦即：期貨領先現貨先轉強。那麼，就很有機會引領台股止跌。總之，就是期貨會帶著現貨走，期貨漲現貨就容易漲、期貨跌現貨就容易跌。

那麼，讓我們換個方向想：當台股現貨一直漲，但在期貨市場

中，卻領先透出轉弱的味道，這就表示期貨領先現貨轉弱了。即使眼前台股還處於漲勢中，但期貨市場已經率先表態，台股眼前的漲勢，很有可能面臨即將結束的命運。此時若手中持有台股，請確認股價是否仍維持強勢，若否，最好找個不錯的價位盡快脫手。

圖表 4-7　台指期的先知功能

狀況	台指期表現強於加權指數	台指期表現弱於加權指數
台指期與台股關係	期貨強於現貨。	期貨弱於現貨。
結論	台股市場看多，後勢看漲。	台股市場看空，後勢看跌。
簡易判斷	1. 收盤價 台指期收盤價高於加權指數收盤價。 2. 盤中漲跌幅 台指期的盤中漲幅大於加權指數，或盤中跌幅小於加權指數。	1. 收盤價 台指期收盤價低於加權指數收盤價。 2. 盤中漲跌幅 台指期的盤中跌幅大於加權指數，或盤中漲幅小於加權指數。

　　期貨價格減去現貨價格後，之間所產生的差距，常反應市場大眾對於後勢看漲或看跌的心態。在一般情況下，當期貨價格高於現貨價格（正價差），此時市場瀰漫多頭漲勢的氣氛，因此期貨會領先現貨上漲，也顯示市場大眾看多後市；反之，當市場瀰漫空頭跌勢時，此時期貨會領先現貨下跌，形成正價差縮小，甚至成為逆價差，顯示市場大眾看空後市。

　　因此，操作時可藉由期貨的走勢，以及期貨與現貨之間的價差差距，來了解市場心態並預估未來行情走向。其計算方式如下：

● **正價差：期貨價格－現貨價格＝正值（大於 0）**
● **逆價差：期貨價格－現貨價格＝負值（小於 0）**

台股未來怎麼走？電子、金融有答案

　　電子期與金融期為影響台股行情、指數變動的兩大要角。在一般情況下，當電子期與金融期同漲時，能帶動當天台股漲勢；反之，當電子期與金融期同跌時，則能帶動當天台股跌勢。若電子期與金融期一漲一跌、步調不同時，則當天行情可能陷入盤整，不容易有大行情。電子期與金融期對台股指數變動的影響，極具參考價值。

第四節
六個情境練習，讓你接在低點，賣在高點

下面，我們將列舉六個範例，來為大家示範與說明台指期的價格領先、價格發現的功能。我們能從台指期與加權指數兩者間的走勢關連性，預估台股大盤未來走向：

一、當兩者同步上漲時，預告後勢看漲；

二、當兩者同步下跌時，預告後勢看跌；

三、當兩者之間不同步，則藉由盤中與收盤表現（收盤位置的比較、盤中漲跌幅比較等）來推估未來盤勢。

利用這個方法來簡易判斷與推估，常可在行情產生變化之前，就先抓到「轉折」時刻。此轉折可能發生在漲多拉回、跌深反彈，或是用來預估盤勢，是否容易續漲或續跌。判斷時，除了參考當日行情之外，也別忘記將當時的行情背景（例如走勢已維持幾天了、國內外是否有重大新聞或政策等），納入合併判斷，以提升正確判斷的機率。

● 範例一：

以台股盤勢下跌為範例，若台指期收盤價 9,543 點，終場以下跌 42 點作收；加權指數收盤價 9,512 點，終場以下跌 71 點作收。請問，上述數值將對於隔日盤勢有何影響？

（A）看多後勢

（B）看空後勢

解答：（A）看多後勢

※補充說明：

檢視當天台指期盤中與收盤的表現，皆優於加權指數，即「期貨強於現貨」：

（1）台指期較加權指數位置收高 31 點（台指期收盤價 9,543，減去加權指數收盤價 9,512）。（2）台指期盤中跌幅較小。綜合上述，顯示市場看多後勢，也可能影響近日走勢偏多或下跌不易。

● 範例二：

範例設定台股表現為：期貨與現貨不同步。台指期收盤價為 9,683 點，終場以下跌 11 點作收；加權指數收盤價為 9,699 點，終場以上漲 44 點作收。請問，上述數值將對於隔日盤勢有何影響？

（A）看多後勢

（B）看空後勢

解答：（B）看空後勢

※補充說明：

檢視當天台指期於盤中與收盤表現，皆劣於加權指數，即期貨劣於現貨，其具體表現如下：

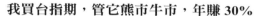
（1）期貨收盤價較現貨收盤價收低 16 點（加權指數收盤價 9,699，減去台指期收盤價 9,683＝16 點）。（2）以盤中漲跌幅而言，期貨較現貨收跌 55 點（加權指數收漲 44 點＋台指期收跌 11 點＝兩者間差距有 55 點）。綜合上述，顯示市場看空後勢，也可能影響近日走勢偏空或上漲不易。

● 範例三：

假設台股市場表現為：期貨與現貨同步收跌。台指期收盤價 9,432 點，終場以下跌 36 點作收；加權指數收盤價 9,393 點，終場以下跌 12 點作收。另外，台指期終止連日來續創新低價位的情形，但加權指數今盤中仍續創新低價位。請問，上述數值將對於隔日盤勢有何影響？

（A）看多後勢

（B）看空後勢

> 解答：（A）看多後勢

※補充說明：

檢視當天台指期於盤中與收盤表現，皆優於加權指數（期貨優於現貨），具體表現如下：

（1）期貨收盤位置較現貨收盤位置收高 39 點（台指期收盤價 9,432，減去加權指數收盤價 9,393＝39 點）。（2）加權指數續創連日來新低，但台指期領先止跌不再續創新低。綜合上述後，顯示市場看多後勢，可能影響近日走勢偏多或下跌不易（參考圖表 4-8）。

圖表 4-8　台指期盤勢圖

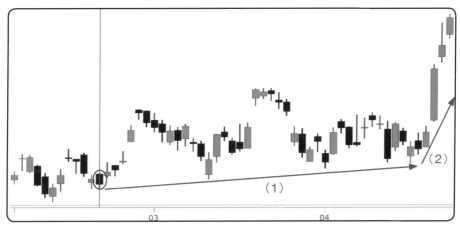

＊圖中圈示處 K 棒，為日線表現。我們根據上述簡單判定出，台股後市偏多，而台
　股後續表現也如期轉強。如圖標（1）顯示：指數於上述日期時，我們預判台股後
　市偏多，指數後續也確實開始盤底。圖標（2）顯示：指數結束盤底後行情轉強起
　漲。總和上述指數盤底與轉強表現並非突發性，而是早在圈示處當日盤中，早已透
　露端倪。

＊資料來源：中國信託致富王軟體。

● 範例四：

　　假設台股指數表現為期貨與現貨不同步。台指期收盤價 9,522
點，盤中翻黑終場以小跌 4 點作收；加權指數收盤價 9,513 點，終場
以上漲 36 點作收。請問，上述數值將對於隔日盤勢有何影響？

　（A）看多後勢

　（B）看空後勢

　　解答：（B）看空後勢

※補充說明：

檢視當天台指期收盤價，較加權指數收高 9 點，看似較強，但若將盤中翻黑情形與跌幅納入判斷，則台指期有領先翻黑、轉弱之虞，也可能領跌未來行情，因此選了（B）選項，預期看空後勢，可能影響近日走勢偏空，或上漲不易（見圖表 4-9）。

圖表 4-9　台指期盤勢圖

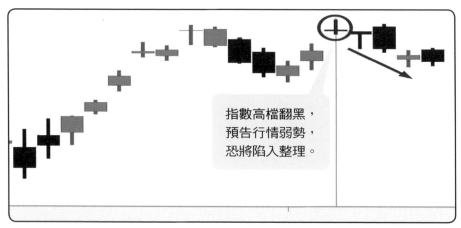

指數高檔翻黑，
預告行情弱勢，
恐將陷入整理。

＊圖中圈示處 K 棒為台指期日線表現。由圖可知，指數當天股價一度創新高，未料行情急轉彎從高處向下滑落，使股價由紅翻黑。而台指期由高檔處領先翻黑轉弱，也預告行情弱勢，未來將陷入一段整理週期。

＊資料來源：中國信託致富王軟體。

● 範例五：

　　範例設定期貨與現貨同步上漲。台指期收在 9,420 點，終場上漲 31 點；加權指數為 9,386 點，終場以上漲 18 點作收。請問，上述數值將對於隔日盤勢有何影響？

　　（A）看多後勢

　　（B）看空後勢

解答：（**A**）**看多後勢**

※補充說明：

這個範例很好判斷，台指期表現明顯優於加權指數，期貨強於現貨，因此選了選項（A），預期後市看多，可能影響近日走勢偏多或下跌不易。

● **範例六：**

台指期收於 9,398 點，終場以下跌 62 點作收；加權指數收於 9,361 點，終場以下跌 91 點作收。請問，上述數值將對於隔日盤勢有何影響？

（A）看多後勢

（B）看空後勢

解答：（**A**）**看多後勢**

※補充說明：

這是一個預告止跌的範例。檢視當天盤勢：台指期盤中與收盤表現，皆優於加權指數（台指期除了比加權指數少跌 29 點之外，收盤價也高了 37 點），顯示市場看好後勢，可能影響近日走勢偏多，或下跌不易。

第五章

懂這九大盤勢圖，
年報酬率直上 30%

順應趨勢，花全部的時間研究市場的正確趨勢，如
果保持一致，利潤就會滾滾而來！

——二十世紀的傳奇金融預測家　威廉‧江恩
（William Delbert Gann）

第一節
分割時段，區分看盤重點

　　台指期每天日盤有五個小時的交易時間，每個時段有不同特色與表現，為了讓看盤更有效率，我把看盤時間分割成幾個時段，並進一步分析各個時段的特質，藉此區分出看盤的重點時間。

　　開盤後的第一個小時，我定義為開盤時間，主要觀察開盤後表現。聽過「開盤法」嗎？所謂的開盤法，就是利用開盤時的盤勢表現，來決定今天的交易方向與策略。由此可見，開盤表現很重要。

　　另外，在觀察開盤表現時，我會把前一天的收盤表現一起納入觀察、綜合判斷，這是因為，前、後兩天的收盤表現與開盤表現經常互相呼應，尤其是如果尾盤出現比較激情的上漲或下跌（拉尾盤或殺尾盤）行情，那麼次日開盤時，通常容易呼應這段趨勢。

　　開盤後第二個小時則定義為早盤時間，無論今天行情是上漲或下跌，多半會集中在開盤後的 1～2 個小時。這段時間通常能夠定義一整天的盤勢，與行情表現。

　　比方說，今天上漲行情的能量很強，那麼行情表現容易集中在這段時間裡，使早上 10:30 以前的漲勢顯得可觀；或者，若今天下跌行情的能量很強，那麼大盤就很容易在 10:30 以前集中下跌。這段時間的盤勢，通常集結了當日行情的精華，當日的主要行情走向與股價活動範圍，大致也在這段時間內定調。

　　盤勢進展到第三、四個小時，逐漸步入午盤、午休時間，此時行情通常顯得較為風平浪靜，且股價波動表現也相對平穩許多。彷彿經

過了開盤與早盤的激情過後，要開始養精蓄銳、養足體力，留待尾盤時刻再次精采演出。

如果有什麼家務或私事要做，我通常會利用這段時間去做。比方在看盤過程中，我若發現了值得分享的事，就會利用這段時間寫文，並分享在我個人的部落格與社群網站中。只要預先設定好價位警示功能，就不用雙眼一直緊盯住盤面。

當行情走到第五個小時，就進入尾盤。這段時間，大家差不多都用完午餐，回來看盤與交易，而且盤勢經過休息後，又開始活絡起來。常見的拉尾盤、殺尾盤行情等，就是在這段時間上演。這段時間的行情表現，也常透露出弦外之音，為夜盤和明日行情鋪路。

 投資知識補給站

● **拉尾盤**：收盤前 1 到 0.5 小時內，股價突然出現急速拉升。尾盤的意義：顯示當日行情多空雙方交戰總結、影響夜盤至次日開盤行情。

● **殺尾盤**：收盤前 1 到 0.5 小時內，股價突然出現急速下跌。原因眾多，可能是利空消息導致行情急遽下降，或有大額資金進行調整，都可能造成此盤勢現象。

盤中走勢：利用盤勢圖輔助

如何判斷盤中走勢？我們可以藉由盤勢圖來觀察今天行情表現，比方說，今天指數於盤中持續走高，且收盤價也收高，如此多頭氣勢強的盤勢，後續通常仍有高點可期，此時若手中持有多單千萬不要急著賣出，可以利用技術面來分析與評估，避免太早賣出而錯過日後的大漲行情。

反之，若今天指數於盤中持續走跌且收盤價收低，那麼就屬於空頭氣勢強的盤勢，此時若手中仍持有空單也無需急於平倉，因為後續往往仍有低點可期，同樣可善用技術面來評估，以避免過早出場，而錯失更大的行情與獲利利潤。

認識盤勢圖

盤勢圖，亦即盤中分時走勢圖。在盤勢圖中，通常以縱向軸來顯示股價指數，以橫向軸來顯示時間（以日盤為例，當天盤勢自上午 8:45 開始，至下午 1:45 結束）。股價欄位中顯示著股價波動情形，可讓我們了解股價即時動態。另外，位在股價欄位下方，有即時成交量分析，可顯示最新的成交量情形（見下頁圖 5-1）。

圖表 5-1 為盤勢圖結構，盤勢圖常以不同顏色，顯示出平盤位置。**平盤，亦即前一個交易日的收盤價位**，而當日行情表現與股價變動，也常以平盤為中心或主軸，再延伸與發展出新方向。

比方說，假設今天指數的開盤位置，是開高在平盤以上，而且後續也能繼續以下方的平盤為支撐，而整日維持在平盤上方活動，那麼就顯示出：今天的行情較為偏多。若這類盤勢出現在多頭漲勢中，可

圖表 5-1　盤勢圖結構

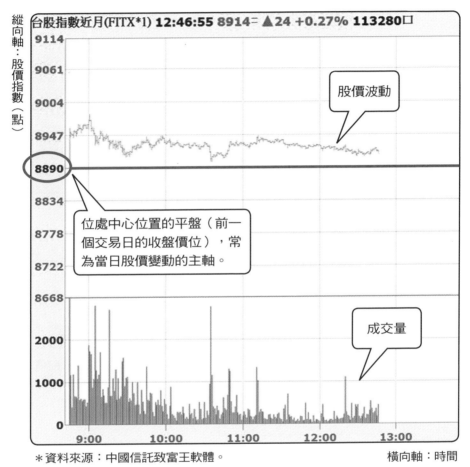

縱向軸：股價指數（點）

台股指數近月(FITX*1) 12:46:55 8914= ▲24 +0.27% 113280口

股價波動

位處中心位置的平盤（前一個交易日的收盤價位），常為當日股價變動的主軸。

成交量

＊資料來源：中國信託致富王軟體。　　　　　　　橫向軸：時間

能暗示上漲行情還沒結束、還在續漲中；反之，若這類盤勢出現在連日以來的下跌行情後，則顯示原先的跌勢已經開始休息或止跌。

　　再打個比方，假設今天指數開盤位置開低在平盤以下，且開低後整日維持在平盤下方活動，你會怎麼定義這樣的盤勢呢？它可能顯示，今天的行情偏空。若這類盤勢出現在連日以來的上漲行情後，表

示原先的漲勢，已經開始休息或結束；反之，若這類盤勢出現在連日下跌的行情中，則可能表示跌勢還沒止跌、趨勢尚未發生轉變。

作多、作空都好，就是別跟盤勢作對

了解盤勢圖後，我們就可以開始利用盤勢圖看出，今天盤中的行

圖表 5-2　以平盤（前一交易日行情）為主軸，決定投資方向

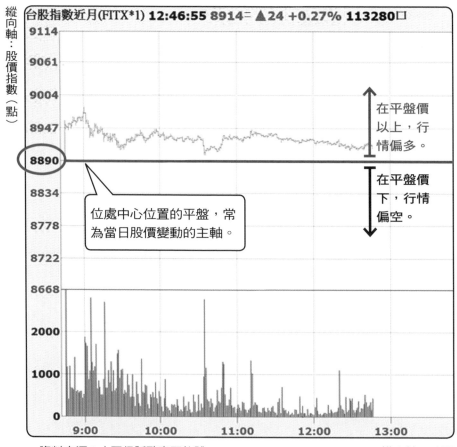

*資料來源：中國信託致富王軟體。　　　　　　　　　橫向軸：時間

情走向是偏空還是偏多，利用盤勢圖進行交易（見圖表 5-2）。

　　我之所以會特別研究盤勢圖，是因為操作初期，常常忽略了當日的盤勢方向逆勢而為，結果往往落得獲利不彰，等待盤後檢討時，才發現自己一味與當日行情作對，表現當然不盡理想。

　　有鑑於此，我便開始卯起來研究盤勢圖的使用，多加練習後，除

圖表 5-3　若行情集中在平盤以上，顯示當天行情偏多，可擇機布局作多

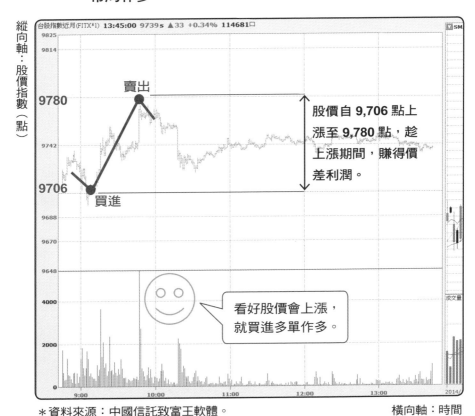

縱向軸：股價指數（點）

看好股價會上漲，就買進多單作多。

＊資料來源：中國信託致富王軟體。　　　　　　　　　　橫向軸：時間

實況模擬：作多
看好股價未來會上漲，在股價上漲前先買進多單作多，等股價上漲後，就能賺得上漲期間的價差利潤。

了能以盤勢圖來辨認當天盤勢方向，避免逆勢操作而影響獲利，也能進一步利用盤勢圖操作當天的短線交易。

當你懂得如何看盤勢，若看好股價未來會上漲，在股價上漲前先買進多單，等真的上漲後，就能賺得上漲期間的價差利潤，此即為作多（見第 117 頁圖表 5-3）。

反之，若看空股價未來會下跌，在股價下跌前放空，一旦股價下跌，就能賺得下跌期間的價差利潤，這就是作空（見圖表 5-4）。只要像這樣順勢操作，大小行情都能有收獲。

 投資知識補給站

● **順勢作多**：順應目前的漲勢而作多。此指因看好股價未來會上漲，因此買進多單作多，一旦股價如實上漲，便能賺取上漲期間的價差利潤。比方說，我在股價 5 元時買進多單作多，並預期股價未來會漲到 10 元，一旦股價真的漲到 10 元了，便能賺到 5 元的價差利潤。

● **順勢放空**：順應目前的跌勢而操作放空。跟作多相反，此指因看壞股價未來會下跌，因此布局空單放空，一旦股價如實下跌，便能賺取下跌期間的價差利潤。

比方說，在股價 10 元時布局空單放空，並預期股價未來會跌到 5 元，一旦股價真的跌到 5 元了，便能賺到 5 元的價差。投資時，不只是在看好行情時，藉由買進後的價格上漲來獲利，一旦看壞行情，同樣能藉由放空與放空後的價格下跌來獲利。

圖表 5-4　若行情集中在平盤以下，顯示當天行情偏空，可擇機布局放空

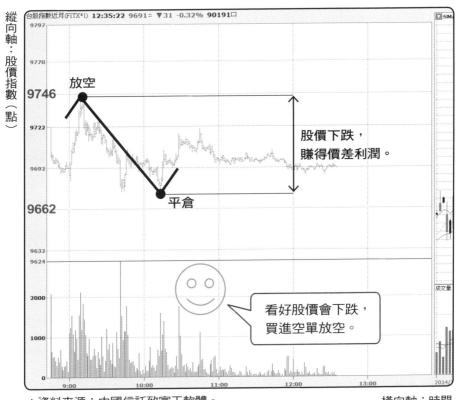

＊資料來源：中國信託致富王軟體。　　　　　　　　　　橫向軸：時間

實況模擬：放空
看空股價未來會下跌，在股價下跌前放空，一旦股價下跌，就能賺得下跌期間的價差利潤。

第二節
搞懂九大盤勢圖，
直接複製獲利模式

使用盤勢圖時，主要以「盤中股價即時動態」與「盤中成交量情形」配合為主，價與量之間若能兩相配合得宜、相輔相成，最有助於推動行情發展。我曾經長時間觀察與統計，並分析出盤勢圖主要九大類、因應與因應對策。

一、開平走平

開盤位置在平盤或平盤附近，盤中股價變動小，且整天盤勢圍繞在平盤附近，直到收盤前，此顯示市場大眾正處於觀望與等待時期。遇到這類盤勢時，要先觀察指數的活動範圍如何，若活動範圍太小，就先以觀望來取代操作，避免在狹幅震盪中頻繁交易，以免虛耗交易成本（見圖表 5-5）。

圖表 5-5　開平走平，觀望為佳

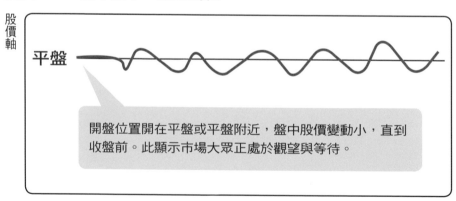

股價軸

平盤

開盤位置開在平盤或平盤附近，盤中股價變動小，直到收盤前。此顯示市場大眾正處於觀望與等待。

時間軸

二、開平走高

開盤位置在平盤或平盤附近，盤中以平盤為支撐再向上攻漲。在向上攻漲之前，通常會先測試平盤，並確定平盤為有效支撐後，才開始攻漲。上漲過程中，請觀察價量關係，其中以「價漲量增」最有利於推動行情續漲。此也顯示市場大眾普遍認同股價趨勢向上，願意追隨上漲中的股價，使得指數在上漲過程中，成交量也能同步放大而形成價漲量增（見圖表 5-6）。

價與量之間彼此相輔相成，最有助於推動行情續漲。反之，若指數漲到一個程度後，成交量卻不再跟上，可能預告本日高點將至；另外，繼續觀察收盤表現，若尾盤繼續攻漲或收盤價收高，則後續常仍有高點可期。

圖表 5-6　開平走高若持續到尾盤，可期待明日行情

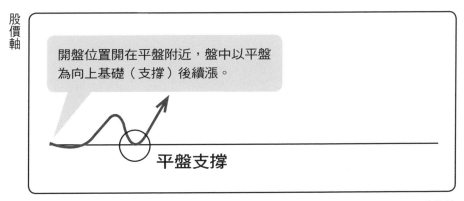

三、開平走低

開盤位置在平盤或平盤附近，盤中以平盤為壓力再向下走跌。走跌前，通常會先測試平盤，並確定平盤為壓力後才開始走跌。下跌過

程中，請觀察價量關係，**以價跌量增最有助於推動行情續跌**，此也顯示市場大眾認同股價下跌，願意追價放空或賣壓連續出籠等原因，使指數在下跌過程中，成交量持續放大（見圖表 5-7）。

價與量之間彼此相輔相成，最有助於跌勢續跌；反之，若指數跌到一個程度後，成交量卻不再跟上，便可能預告本日低點臨近；另外，繼續觀察收盤表現，若尾盤繼續殺低或收盤價收低，則後續常仍有低點可期。

圖表 5-7　開平走低，伺機放空

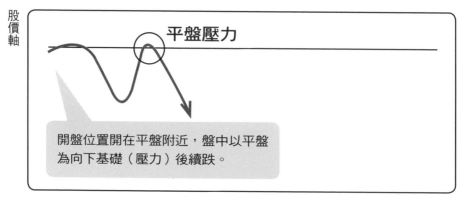

股價軸

平盤壓力

開盤位置開在平盤附近，盤中以平盤為向下基礎（壓力）後續跌。

時間軸

四、開高走平

開盤位置高於平盤上方，盤中股價變動小，整日盤勢維持在高檔震盪。此顯示市場大眾對於開高後的股價看法保守，或不願意追價，因而無法推動行情續漲。

但若從相反角度而言，卻也未見賣壓出籠打壓股價下跌，兩相影響之下，指數只好繼續維持高檔震盪（見下頁圖表 5-8）。

　　一般而言，在這樣的盤勢維持了一整天之後，可觀察收盤表現：若收盤價收高，則後續常仍有高點可期；反之，若收盤價收低，則今日盤整區間可能形成壓力區，也將考驗後續的多頭企圖。

圖表 5-8　開高走平，即將變局

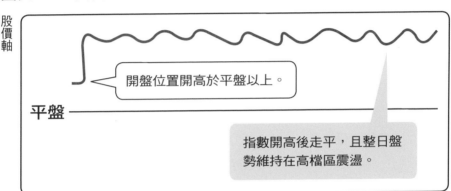

五、開高走高

　　開盤位置高於平盤以上，且開高後續漲。上漲過程中，指數於盤中越攀越高、不斷創新高價。此時，我們同樣可以觀察盤中價量關係，若指數持續上漲，且成交量跟著溫和放大形成價漲量增，最有利於推動行情續漲，反之，若指數上漲過程中成交量無法跟上，便暗示臨近本日高點（見下頁圖表 5-9）。

　　一般而言，開高走高的盤勢最有利於多頭行情發展、後續仍常有高點可期。值得注意的是，在這類型盤勢中，開盤位置切勿開得太高，以免一早就先消耗掉不少上漲空間而使漲勢受阻，也將影響當天的上漲行情。

圖表 5-9　開高走高，多頭氣盛

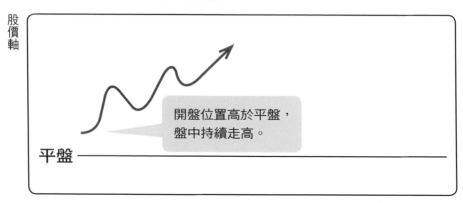

六、開高走低

開盤位置高於平盤以上，但開高後反向走跌，走跌過程中，會先向下回測平盤支撐，一旦跌破平盤，盤勢將由強轉弱、由多翻空。很多人看到這類盤勢喜歡逆勢操作，在指數跌深後逢低承接，想搶反彈。這麼做無可厚非，但值得注意的是，指數跌落平盤以下後行情較**偏空，若想逆勢操作搶反彈，需先觀察何時止跌轉強，直到止跌轉強訊號出現前都不宜任意出手。**

另外，再觀察收盤表現，若收盤價收高於平盤價，較有利於緩和今日盤勢偏空的情形，也較有利於止跌。

而一般開高走低的盤勢又可分兩種（見圖表 5-10）：

1. 直接跌破：指數開高後，直接往下跌破平盤，平盤支撐完全起不了作用，可見下跌能量很強。

2. 先回測，後跌破：指數開高後下跌，下跌過程中曾先回測平盤，並於平盤支撐失守後續跌。

圖表 5-10　開高走低，別急著搶反彈

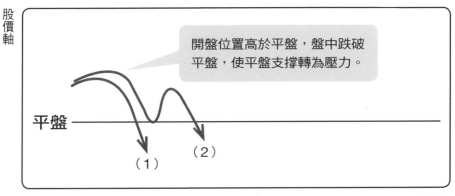

無論是上述哪一種走勢，都在走跌過程中跌破了平盤，跌破後將會使得原本的平盤支撐，轉而形成平盤壓力，而在突破此壓力以前，行情續弱、尚未轉強。

七、開低走平

開盤位置低於平盤以下，盤中股價變動不大，整日維持在低檔震盪。此也顯示股價雖開低，但市場態度仍偏向保守與觀望，尚未認同當前股價已值得介入，因此無法放出量能，並以成交量來推動或壓低股價，使指數只能持續在低谷徘徊，未有更突破性表現（見第 126 頁圖表 5-11）。

一般而言，這類盤勢在維持了一整天之後，可觀察收盤的表現：若收盤價繼續收低，則代表後續仍有低點可期；反之若收盤價收高，則今日盤整區間會形成支撐區，較有助於抗跌、止跌，或影響續跌的發展。

圖表 5-11　開低走平，明日行情可能出現變局

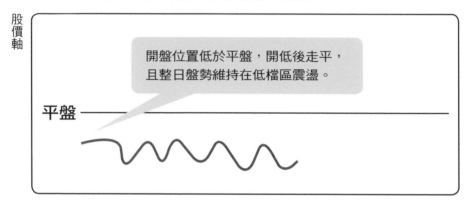

八、開低走高

開盤位置開低於平盤以下許多，但開低後逆勢上漲。逆勢上漲過程中，會以平盤為向上目標或突破平盤。面對這類盤勢，早盤可先以「早低／早盤低點」為觀察指標，若不再跌破早低而續創新低，那麼行情就有機會止跌或逆勢走高（見圖表 5-12）。

後續若行情逆勢走高，會先將位於上方的平盤視為向上目標，若能突破平盤，則行情可望由弱轉強、由空翻多。一般而言，這類盤勢中的早低至平盤這個區間，將形成一重要觀察指標，可能成為行情轉強後的支撐區。

九、開低走低

開盤位置開低後持續走跌。下跌過程中，觀察價量關係，若指數下跌但成交量無法同步放大，那麼跌勢就走不遠。一般而言，開低走低的盤勢，後續通常仍有低點可期（見圖表 5-13）。

另外，這類盤勢需注意：若日盤開盤位置開太低，那麼可能一開

始，就已經先耗損掉不少指數續跌的空間，使盤中下跌空間有限，需留意追低風險。

圖表 5-12　開低走高，盤中出現反彈行情

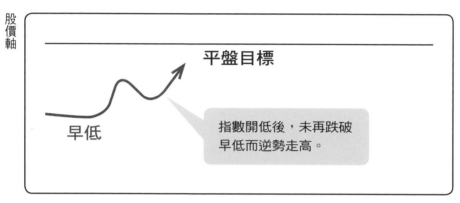

圖表 5-13　開低走低，注意開盤位置太低影響續跌空間

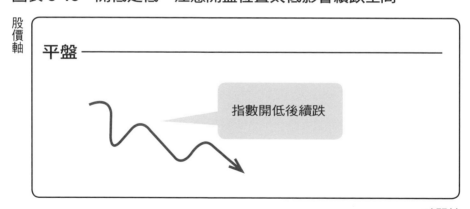

第三節
即將反轉？主波已經警告你了

現在你已對盤勢圖有了初步概念。我要提醒一點，使用盤勢時，請記住下面幾個步驟：

- 步驟一：觀察開盤位置與開盤後表現。
- 步驟二：決定因應對策。
- 步驟三：盤勢追蹤。

一早面對盤勢時，千萬別貿然出手、急著出招，除了要先觀察開盤位置之外，也要繼續觀察開盤後的表現；接著，再來決定因應對策與繼續追蹤盤勢。

依我個人經驗而言，每天一早最好先觀察，除非是前一天就已經事先規畫好，比方說：「我預計若明天開盤位置開在○○價位時，就先買一口多單」、「明天早盤若能突破××價位，就先下一口多單」、「明天早盤若守不住△△價位，就減碼多單。」像這樣預先做好規畫，等到行情如期發展，就執行計畫，絕對不在沒有計畫的情況下貿然操作。

前面我解釋過，因台指期的走勢有規律性，容易預測，因此我將常見的盤勢分為九大類，只要將「九大盤勢圖」熟記下來，就能加速你的決策速度，並提高勝率。因為這些都是經常發生的行情變化，投資人可以從盤勢圖中了解目前盤勢表現、行情發展方向等，並藉此推估後勢、即早規畫操作決策。

按步驟交易，就是最佳的避險策略

交易中的所有決定，都應該要按照步驟前進、依照計畫執行，絕對沒有見機行事，或貿然出手的情形。在交易前，根據預期獲利目標與避險策略，預先知悉這筆交易將獲利或損失多少，也唯有在這樣的情況下，才能計算出機會與風險的比例，以此決定這筆交易是否值得進行。

交易中潛藏著風險，而風險帶來獲利機會，因此在投資時，務必先確認機會與風險的關係，不外乎以下三種狀況：

一、機會大於風險許多：這是交易的利基，每次交易都必須立足在這樣的基礎上，才值得介入。

二、機會小於風險許多、機會與風險相當：這兩種情況顯然失去了交易的利基，往往不是值得介入的好時機，所以你該再等等。等到你所認定的風險變小、機會變大，此時風向轉為對你我有利，才值得介入。

最後，我再提醒一次「操作三不」：

1. 看不懂的盤不做。

2. 看不懂的機會不接受。

3. 看不懂的風險不承受。

換言之，只做看得懂的盤、只接受看得懂的機會、只承受看得懂的風險。唯有事先控管風險，才有更多機會放大獲利空間。

熟記盤勢圖後，怎麼用？注意時效性

在盤勢圖上，會以曲線圖來表現股價活動情形，對於還不習慣使用 K 線圖的新手來說，特別實用。藉由盤勢圖，我們可以一眼就了解以下三件事，並藉此提高獲利機會：

一、對於盤中股價變化與趨勢方向一目了然。

二、簡易判斷今日股價的主要活動範圍。

三、定位今日「支撐與壓力」價位。

在買賣台指期時，有兩大投資方式：其一是當沖，其二是波段。當沖是以當日盤勢為基礎，猶如今日事今日畢（今天買進，今天賣出），今天所布局的部位，也會在今天收盤前出清，從當日指數的震盪幅度中，操作以賺得價差利潤；波段則泛指跨越兩天以上的盤勢進行交易，今天所布局的部位，不見得會在今天收盤前出清，買賣策略與交易時間，視當時盤勢而定。

就像蘿蔔青菜各有所愛，有人喜歡今日事今日畢，選擇以當沖操作為主，也有人喜歡放長線釣大魚的概念，而選以波段操作為主。其中，**當沖操作的好處在於：無需等待，只要看準行情便可迅速獲利、無需承擔明日行情的風險。**在本章節中我們討論到的盤勢圖，就特別適合用來判斷當沖的買賣位置、擬定當沖投資策略。

盤勢圖應該要在何時使用，功能最顯著？一般而言，我們藉由盤勢圖能夠立刻了解指數的即時變化、當日指數主要活動範圍等，這對於短線交易者在判斷盤勢、尋找獲利空間時很實用。除此之外，對於中、長線交易者而言，一旦買賣良機出現時，也可藉由盤勢圖來觀察

出即時的買賣信號。

三步驟配合各種盤勢當沖，降低風險收獲多

首先，看到盤勢圖心裡無需慌亂，只要記住固定流程，並按照既定步驟前進，並逐一完成各個階段中的重要工作項目。以第 132 頁圖表 5-14 的盤勢圖而言，觀察與分析步驟如下：

一、開低走低：

● **步驟一：先觀察開盤位置與表現**

觀察盤勢圖可知，今天開盤位置為稍低於平盤下方，開低後整理了一下後便往上挑戰平盤。

● **步驟二：再決定因應對策**

挑戰平盤過程中，可先以「平盤」為觀察重點，若指數在挑戰過程中無法向上穿越平盤，那麼平盤便形成一道關卡、壓力與向上阻力，後續，若又回頭跌破早低（此指：早盤低點，後續若再提及皆同），便容易引發跌勢形成「起跌」開端。

● **步驟三：盤勢追蹤**

指數一旦起跌，請務必觀察價量關係，藉此評估跌勢未來發展，其中若跌勢中的成交量能持續放大，形成價跌量增，則最有助於跌勢續跌，反之則否。

圖表 5-14　按部就班分析盤勢，掌握行情

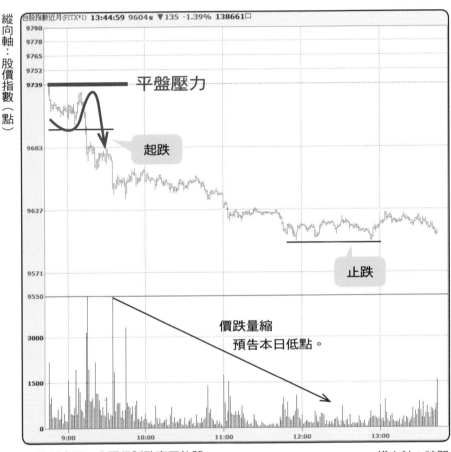

＊資料來源：中國信託致富王軟體。　　　　　　　　　　　　橫向軸：時間

＊**起跌**：早盤挑戰平盤壓力失敗，且又跌破早低後起跌。

＊**跌勢**：跌勢中觀察價量關係，藉此評估跌勢發展。

＊**止跌**：跌勢末端價跌量縮，預告本日跌勢休止。

二、開高走低：

若遇到第 134 頁圖表 5-15 的狀況，開盤位置雖然開高，但並未出現開高走高的情形，該怎麼應對？一樣可以透過三步驟正確決斷。

● 步驟一：先觀察開盤位置與表現

今天開盤位置雖然開高，但並未出現開高走高的情形。在無法繼續走高的情況下，指數只好維持在高檔形成一個整理區間，此時可先將此區間視為觀察重點，指數可能在跌破此區間後，繼續往下回測平盤附近。

另外，面對這類開盤位置開高的盤勢時，可以先設想以下情形：

一、開盤開高，耗損獲利空間。開盤位置若開高，可能已經耗損了不少向上空間，若行情續漲，獲利空間實則不大。

二、若開高走平，無法成就操作機會。

三、對於「做多」而言，由於上述兩情形皆不理想，不如假設行情反向走跌，若能開高走低，往下回測平盤，如此最有利於騰出再漲空間，來成就多單操作與獲利機會。

● 步驟二：再決定因應對策

開盤後，可依早盤盤整區間為觀察重點，一旦跌破此區間，容易引發跌勢而形成開高走低的局面。

● 步驟三：盤勢追蹤

指數跌破區間後引發跌勢，跌勢中將以下方的平盤為目標。一般而言，指數由高處走跌後，來到平盤處容易揚起支撐反應，通常會在

平盤附近震盪整理。此時可將平盤視為觀察重點，後續若平盤支撐有
守，則今日跌勢結束；反之，若平盤支撐跌破，則今日盤勢將持續轉
弱，而原先的平盤支撐，便轉而形成平盤壓力（見圖表 5-16）。

圖表 5-15　指數一旦跌破區間後，便準備往下回測平盤附近

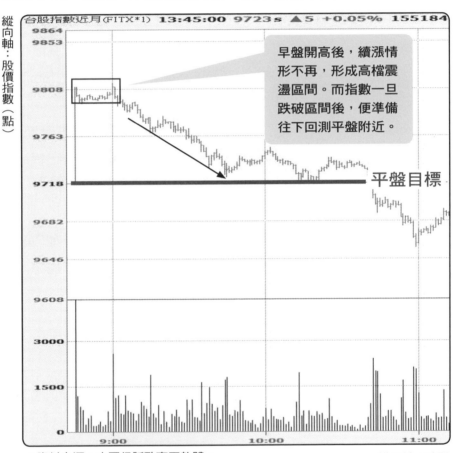

早盤開高後，續漲情形不再，形成高檔震盪區間。而指數一旦跌破區間後，便準備往下回測平盤附近。

平盤目標

縱向軸：股價指數（點）

＊資料來源：中國信託致富王軟體。

橫向軸：時間

圖表 5-16　出現下降軌道，預告跌破平盤

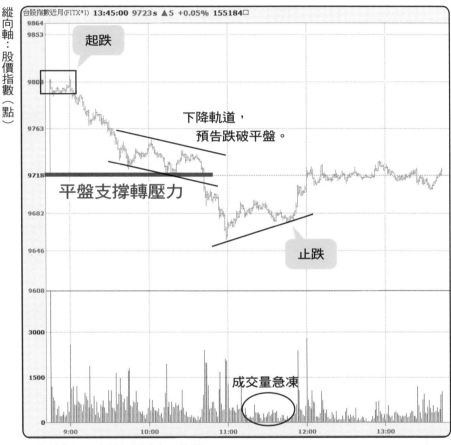

＊資料來源：中國信託致富王軟體。　　　　　　　　　　　　　　　　　　横向軸：時間

＊**起跌**：指數跌破早盤盤整區間後起跌，並準備前往下方平盤目標。

＊**跌勢**：抵達平盤目標後，任務完成且平盤支撐發酵，指數開始在這裡休息整理，惟
　　　　整理過程中竟形成一個小型下降軌道，似乎預告平盤支撐可能失守。

＊**止跌**：指數跌破平盤後續跌，但細算自高檔處跌到現在，跌幅已深，使續跌空間有
　　　　限。再繼續追蹤價量關係，如圖中成交量急凍的情形出現，且指數也不再續
　　　　創新低，預告止跌。

三、開高走平：

若如圖表 5-17 所示，一早開盤位置稍高於平盤以上，但開盤後方向不明，在平盤上方形成盤整區間。這種盤勢圖該如何處理？

● **步驟一：先觀察開盤位置與表現**

今天開盤位置稍高於平盤以上，但開盤後方向不明，只在平盤上方形成一盤整區間。

● **步驟二：再決定因應對策**

繼續觀察早盤盤整區間，指數若跌破此區間，容易引發跌勢。

● **步驟三：盤勢追蹤**

指數終於跌破區間並引發跌勢。跌勢中，請鎖定觀察價量關係，並藉此評估跌勢發展。一旦價跌量縮情形出現，代表跌勢走不遠。

四、開平走平：

當開盤位置開於略高或略低於平盤，且整日行情遊蕩在平盤附近，則可先以平盤位置作為觀察指標。

如同第 138 頁圖表 5-18，一早開盤位置略高於平盤以上，盤中回測平盤支撐有守後引發漲勢，但漲後不久又回到平盤附近遊蕩。

遇到這樣的盤勢，可先假設平盤為支撐點（若一早開盤位置為平盤以下，則可假設平盤為壓力點）。

圖表 5-17　一旦價跌量縮情形出現，注意到跌勢走不遠

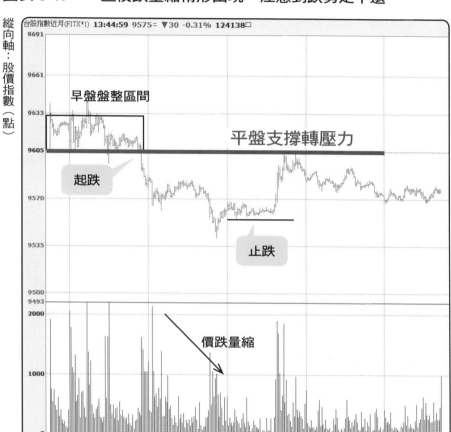

縱向軸：股價指數（點）

橫向軸：時間

＊資料來源：中國信託致富王軟體。

＊ **起跌**：跌破早盤盤整區間，引起跌勢。

＊ **跌勢**：跌勢中觀察價量關係，發現價跌量縮情形。

＊ **止跌**：指數跌到本日最低價時，觀察成交量並未跟上，形成價跌量縮情形明顯，且指數也未再續創新低，預告止跌。

圖表 5-18　一旦平盤支撐有守，便有機會推動盤中漲勢

縱向軸：股價指數（點）

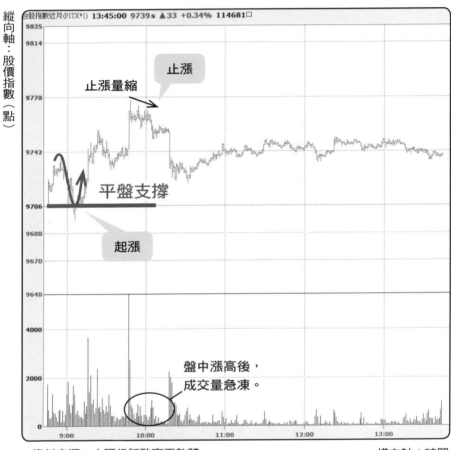

＊資料來源：中國信託致富王軟體。　　　　　　　　　横向軸：時間

＊**起漲**：早盤開高後回測平盤支撐有守，引發漲勢。

＊**漲勢**：漲勢中，觀察價量關係。如圖中，指數漲高後成交量卻急凍，形成價漲量縮，不利於推動漲勢繼續，預告本日高點。

＊**止漲**：成交量急凍且指數也不再創新高，漲勢結束。

● 步驟一：先觀察開盤位置與表現

今天開盤位置開高於平盤以上，且早盤回測平盤時並未跌破，可先視平盤為支撐觀察。

● 步驟二：再決定因應對策

一旦平盤支撐有守，便可能成為推動盤中漲勢的助力。

● 步驟三：盤勢追蹤

平盤支撐有守，漲勢形成。接著在漲勢中觀察價量關係，藉以評估漲勢發展。

五、開低走平：

當開盤位置開低於平盤許多，很多新手投資人就會開始手足無措。不過，其實無需擔心，若盤中指數重回早低之上，後續指數有很大的機會止跌反轉。接著看到下頁圖表 5-19，我用三個步驟解盤。

● 步驟一：先觀察開盤位置與表現

今天開盤位置開低於平盤下許多。一旦遇上這類情形，最怕開低走低，因為續跌空間有限。

● 步驟二：再決定因應對策

早盤可依早低（早盤低點）為觀察重點，指數一旦跌破早低，容易引發跌勢。

圖表 5-19　若盤中指數重回早低之上，後續指數容易止跌反轉

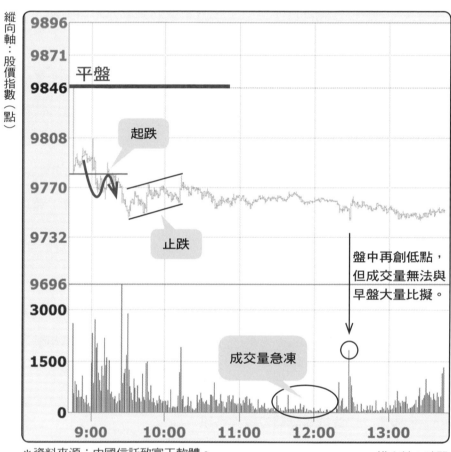

＊資料來源：中國信託致富王軟體。　　　　　　　　　　　　　　橫向軸：時間

＊**起跌**：指數跌破早低引發跌勢。跌破前，曾試圖回測重回早低之上；這裡請注意，
　　　　指數若能重回早低之上，那麼早盤的跌破，便有機會形成假跌破，後續指數
　　　　容易止跌反轉，往上走向平盤目標；反之，若無法重回早低之上，就像這範
　　　　例中的情形，便易引發跌勢形成起跌。

＊**跌勢**：跌勢中請觀察價量關係，觀察成交量是否跟著同步放大，同時心裡打個底：
　　　　早盤已經開太低，下跌空間恐怕有限。

＊**止跌**：指數走跌後不久隨即止跌，指數不再續創新低（甚至發展出一小型上升軌
　　　　道），且盤中成交量急凍，即使盤中再創低點，但成交量情形大不如前，無
　　　　法與早盤大量情形比擬，預告止跌。

● 步驟三：盤勢追蹤

指數在跌破早低後引發跌勢，形成開低走低。跌勢中請觀察價量關係，以此評估跌勢發展，尤其在跌幅空間有限的情形下，跌勢中成交量能否跟上更顯重要。

其中要注意一點，若盤中指數重回早低之上，後續指數有很大的機會止跌反轉，這時就會形成假跌破，要辨識真假跌破，可以提前一步從盤勢發展的路徑中看出端倪（詳見圖表 5-20）。

圖表 5-20　辨識真假跌破的路徑規畫

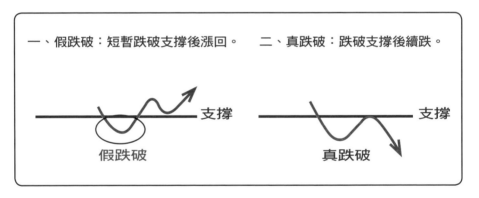

六、開低走低：

當開盤位置開得很低，我們常期待它能反向走漲，這是開低後最理想的模式，因為這樣最能騰出獲利空間，但若是遇到如第 143 頁圖表 5-21 所示，早盤開得很低，又持續走低時，該怎麼辦呢？

● **步驟一：先觀察開盤位置與表現**

跟上一個範例雷同，今天開盤位置也是開得很低。一般而言，當開盤位置開得很低，我們常期待它能反向走漲，這是開低後最理想的模式，因為開低走高最能騰出多單獲利空間。但以今天的盤勢而言，早盤開低後仍繼續走跌。那麼就要持續追蹤：開盤位置已經開低，續跌空間恐怕有限。

● **步驟二：再決定因應對策**

指數在上午 9:00 之前形成一小型整理區間，跌破此區間後，引發跌勢。

● **步驟三：盤勢追蹤**

指數跌破早盤小型盤整區間後續跌，但如同預期，下跌情形是會受限的。指數在下跌不久後隨即止跌、反向走漲，往上方的平盤方向前進，這樣是最值得期待的盤勢，因為這很容易騰出多單獲利空間。

讓趨勢保護你——交叉使用盤勢圖與主流趨勢

前面我介紹了許多盤勢圖的實際應用技巧，盤勢圖之所以好用，是因為可以用它來判斷當日行情，很具實用性，盤勢圖可以幫助投資人：了解指數價格的即時動態、今日行情之所在、協助判斷今天是否適合出手布局。

然而，使用盤勢圖時，可別忘記我們一開始就說過，長線保護短線這個基本原則。無論何時何地，千萬別忘記判斷當時的主流趨勢。

圖表 5-21　若開低走低，注意續跌空間

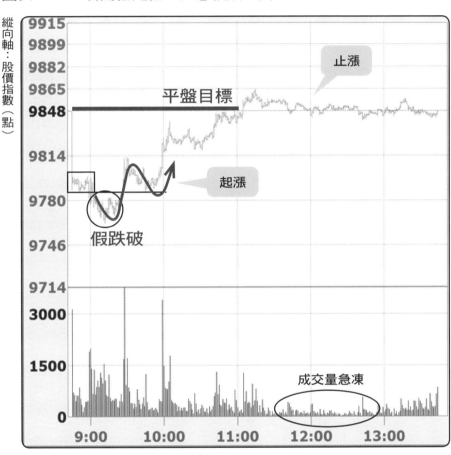

縱向軸：股價指數（點）

＊資料來源：中國信託致富王軟體。　　　　　　　　　　　　橫向軸：時間

＊**起跌**：早盤 9:00 前的小型盤整區間（如圖中小黑框處），跌破後引發跌勢，但如同預期，開盤開低後下跌空間受限，使跌破反成假跌破，隨後轉強起漲。

＊**漲勢**：起漲後，指數將以上方平盤為目標，而自起漲處至平盤這段距離，能造就獲利空間，以此範例而言，起漲處價約 9,780 點，漲至平盤價約 9,848 點，這段距離保守估計，可創造約 68 點獲利空間且容易掌握。

＊**止漲**：漲勢中，除了以預設目標平盤為觀察重點之外，也觀察價量關係。如範例中，指數如期漲至平盤後，像是任務完成開始休息，在平盤附近震盪整理，續創新高情形不佳，成交量也開始急凍，從早盤大量驟降至冰點，預告漲勢結束。

長線保護短線，猶如盤勢圖（短線）與主流趨勢（長線）能搭配得宜、相得益彰，其合作成功的模式常為如此：目前主流趨勢（長線）為多頭漲勢，且今天盤勢圖（短線）方向較偏多，在長短線之間相輔相成之下，則今天作多的勝率可望大大提升；反之，若目前主流趨勢為空頭跌勢，且今天的盤勢圖方向也偏空，那麼今天放空的勝率便可望提升。

由於盤勢圖能顯示出指數價格的即時動態，但顯示範圍較狹隘，主要集中在今天以內的行情變化，而今天以外的行情變化與主流趨勢，就需要仰賴其他方式來判斷。唯有先判斷出主流趨勢何在，再搭配適合的交易對策，才能享受到趨勢的保護力量。

別跟主流作對，先懂如何辨識

那麼，該如何判斷主流趨勢？要先判讀目前趨勢。亦即了解目前趨勢是處於漲勢，還是處於跌勢。

如果目前趨勢處於漲勢，那麼就進一步探討，這段漲勢已經進行了多久？如果處於起漲階段，便把握機會逢低布局與順勢作多。因為，漲勢行情一旦確立，在不久的將來，趨勢的力量會將指數繼續向上推升。

相反的，若漲勢已經維持了好一段時間、指數已經漲高。此時若想要作多，務必先判斷：續漲的機率有多高？有沒有可能隨時拉回而套牢？此時進場作多獲利空間有限，且風險較大，不如耐心等候下次機會？這些情形都要考慮進去。

上述是以作多情形為例，放空也是相同道理：如果目前趨勢處於

跌勢中，先進一步探討，這段跌勢已進行了多久？若才剛開始，同樣可以把握機會逢高布局、順勢放空，因為趨勢的力量會將指數往下推低、助跌股價，若能趁著現在進場卡位逢高放空，就能借助趨勢的力量，幫助我們推升獲利。

反之，若跌勢已經維持了好一段時間，指數股價已經跌深。此時若想放空，務必先判斷：行情續跌的機率有多高？有沒有可能出現反彈行情而套牢？股價既已跌深，是否壓縮獲利空間，不如耐心等待下次機會？這些情形同樣也要考慮進去。

從反向確認，讓趨勢成為你的靠山

用駭客般的心情來看待反向的一面，對於盤勢行情就能有一番全新的解讀。要進場作多時，千萬別一味偏多看待行情、變成俗稱的死多頭，一定要反向觀察，互相比較一下多空雙方孰敗孰勝，如果空方趨勢的力量明顯大於多方趨勢，未來漲勢可能將大受影響；如果多方趨勢明顯大於空方趨勢，即使指數股價已經漲高，仍能維持強勢多頭模式，這時就可以考慮搭上多頭強勢的順風車。想像一下，當你搭乘多頭趨勢的順風車，後面有多頭趨勢的力量當你的靠山，為你的獲利推波助瀾，這感覺必然好極了。

同樣的，要進場放空時，別淪為死空頭一族，一味看空行情，一定要反向觀察並相互比較。

總之，無論是進場前、操作中或操作後，一定要反向觀察與自己認知方向相反的一方：

一、**進場前**：先評估敵方的狀況，然後才決定自己究竟是要等、要守，還是要攻。

二、**操作中**：除了追蹤自己的持有部位之外，也同步觀察敵方狀況，看看他們是否變得更強大，進而影響到自己的獲利情形。通常這是很容易發現的：當進場後發現盤勢跟自己想的不一樣，此時要趕緊反向觀察，檢視自己是否正在逆勢對抗。

三、**操作後**：無論是停利或停損出場，都要保持繼續追蹤的好習慣：停利後，若行情還沒結束，可以藉由追蹤與再次進場繼續爭取獲利機會，才能避免錯失大行情。

以我為例，我常常在賣出部位後又馬上買回來，因為在賣出後藉著持續追蹤，發現行情還沒結束、還有機會，因此回頭繼續參與，常在驚覺自己賣錯之後，迅速買回。

另外，我會計算自己的操作成績，比方說，今天行情上漲了 100 點，而我在這百點行情中，能掌握多少獲利？10 點（10％）？不夠！30 點（30％）？不夠！60 點（60％）？好吧，還在及格邊緣。

停損後，若預期中的危機並沒有產生，就要試著重新把機會奪回。停損，就像是買保險一樣，它能為你把風險鎖定在特定範圍內，讓你無需承受多餘虧損。重點是，停損後的追蹤更顯重要。以我自己的操作習慣，我常在停損不久後又重新買回，那是因為我預設的風險並沒有發生，就代表獲利的機會出現了。

還是那句老話，市場永遠有多有空，永遠會上漲也會下跌，新手投資人操作時，首重順勢操作，有機會時才進場，操作機會不佳時就暫時先等待，千萬別硬槓、更不要逆勢而為。

投資知識補給站

- 死多頭：認為股市永遠只會向上而不會向下。
- 死空頭：認為股市永遠只該跌不該漲。

欲了解更多投資訣竅，請連結至以下入門投資線上課程：

- 課程連結：

  http://blog.cnyes.com/My/pigppkobe/article2292014

- 密碼：

  11778899

第四節
借鏡歷史資料，
從主波鎖定趨勢未來

　　想像一下：現在市場行情正在上漲，你想要參與這場多頭派對，但不知道現在進場的時機對不對，如何評估？可借助歷史資料。

　　比方說，我們可以參考歷史資料中的漲跌幅情形，來評估未來可能的漲跌幅情形。請看圖表 5-22，你能預測第三段跌勢，將下跌多少嗎？

歷史會重演，期貨行情會循環

　　借助歷史走勢來評估未來行情，能幫助我們有效繪製未來趨勢的輪廓，這對操作很有幫助。以圖表 5-22 為例，第一段跌勢下跌 300點，第二段跌勢也下跌 300 點，那麼，第三段跌勢將下跌幾點？也會是 300 點嗎？嗯，的確大有可能。

　　參考前例評估止跌時機。若前面兩段都在下跌 300 點後出現止跌、反彈行情，那麼第三段下跌走勢中，也有機會在下跌約 300 點時出現止跌、反彈行情。

　　再換個方面想，假設現在行情正處於第三段的跌勢當中，且已下跌 150 點。根據歷史資料評估後，不排除有機會再續跌 150 點，如此才能呼應歷史走勢跌滿 300 點；或者，目前第三段跌勢已經下跌了350 點，相較於歷史資料的 300 點而言有超跌的現象，此時最好能反

圖表 5-22　你能預測第三段跌勢，將下跌多少嗎？

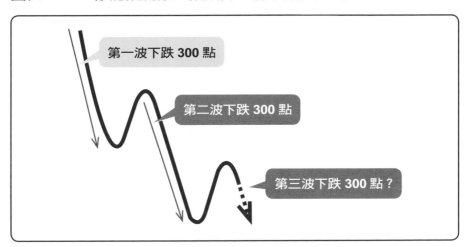

向思維，行情目前可能已經超跌，是不是隨時有止跌與反彈的機會？

　　借助歷史走勢來評估未來走勢，可以幫助我們看清目前所處的情境與位置，擬定重要的操作決策、決定進場時機。當然，行情並不是制式統一規格，上次跌 300 點不表示這次也會跌 300 點，但藉由歷史走勢可以讓我們了解到：**上次跌 300 點，若這次沒有跌 300 點就止跌反彈，這可能是個轉強信號，暗示行情開始轉強；如果這次跌破 300 點後續跌，那麼這可能是個轉弱信號，提醒你行情將出現轉弱變化。**

　　還記得我前面說過的嗎？指數很容易循著固定模式發展，只要沒有外力干擾就不容易改變。這就像人一樣，沒有受刺激就很難改變。

　　如同上面範例，我們可將先前的漲跌幅，拿來當作評估未來漲跌幅的衡量標準。也可以說，評估未來趨勢時，若能參入歷史資料，對於未來趨勢走向，及操作時間點的評估與選擇，這兩者之間皆有莫大的幫助。

借鏡歷史資料看什麼？第一段主波

當一段趨勢（漲勢或跌勢）開始形成後，趨勢自己好像有生命一樣，常會參考與延續歷史走勢，我們可以利用這個特質，來推估未來趨勢。

這個方法主要是透過技術面，以線圖來預先規畫。比方說，當趨勢產生後，第二段行情中的漲跌幅與漲跌時間，很有機會拷貝第一段的漲跌幅與漲跌時間，而這樣的情形，甚至會延續到第三段，甚至是第四段以上的行情當中。

因此，我們可以取第一波為「主波」來觀察，將此「主波」的漲跌幅與漲跌時間，以方框圖形表示，並複製至第二波、第三波等，直到趨勢慣性消失為止。藉此評估行情是否照舊或變化，以利調整成更適合當前局勢的操作方式。

利用主波技巧，評估未來行情

接下來，我以方框圖形來顯示主波的走勢，規畫主波時，以漲跌幅大小為方框長度，以漲跌時間為方框寬度。

圖表 5-23　主波的長寬所代表的意思

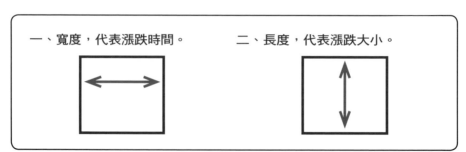

一、以漲勢而言

行情起漲後，我們取起漲前低點為起漲點，並規畫出主波低點。接著待第一段漲勢結束後，從漲勢中的最高點，規畫出主波高點。取好高低點後，主波也規畫完成。其中，在主波方框中的寬度，代表上漲時間的長短；主波方框中的長度，表示上漲行情的漲幅大小（見圖表 5-24）。

圖表 5-24　規畫漲勢中的主波

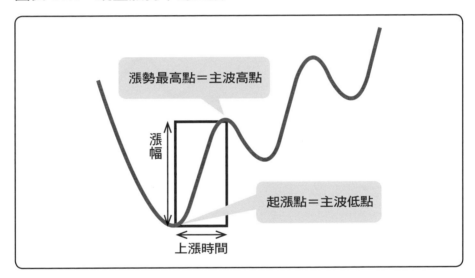

二、以跌勢而言

行情起跌後，我們取起跌前的高點為起跌點，並規畫出主波高點。等第一段跌勢結束後，從跌勢中最低點規畫出主波低點。取好高低點後，主波也規畫完成。其中，在主波方框中的寬度，代表下跌時間的長短；主波方框中的長度，代表下跌行情中的跌幅大小（見圖表 5-25）。

根據以上原則將主波方框規畫好後，可複製再貼到未來行情發展期間，將新舊漲跌幅互相做比較、以此對未來行情發展進行評估。

圖表 5-25　規畫跌勢中的「主波」

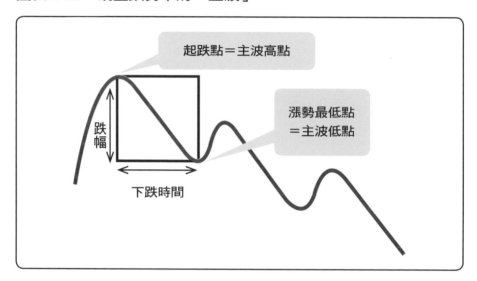

將主波繪製成方框，主要可便於評估未來行情。在第二段趨勢啟動時，將主波的方框圖形，複製轉貼至第二段趨勢啟動時。主波方框中的寬度與長度，分別代表漲跌時間與漲跌幅度大小，將它拿來跟第二波行情做比較，馬上可以分辨出：漲跌時間是否延長或縮短、漲跌幅大小是否變大或變小。也藉此推估第二段趨勢漲跌時間，與漲跌幅大小（預估可能漲多高？跌多深？）。接下來可以同樣方式，繼續評估第三段、第四段等波段，直到慣性消失為止。

藉由圖形化的方式來表現，可將行情視覺化，使判斷更迅速、確實且有效。

複製第一段主波，與行情對照

　　將主波規畫完成後，接下來就可以在未來趨勢中，都以主波為衡量標準。這時候，你可以把第一段漲勢中的主波，複製轉貼至第二段、第三段漲勢中，便於評估與比較新舊漲幅大小、上漲時間長短，藉此追蹤行情走勢，也能提早嗅出行情變化（見圖表 5-26）。

圖表 5-26　複製漲勢中的主波

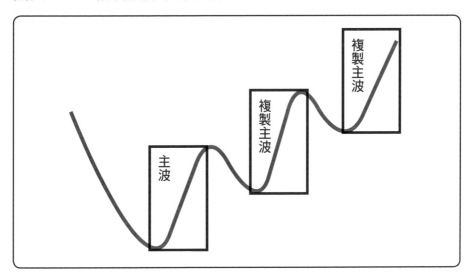

　　若遇到跌勢，可以用相同方式評估行情。先將跌勢中的主波規畫完成後，接下來在未來趨勢中，我們也將以主波為衡量標準。方式為將第一段跌勢中的主波，複製轉貼至第二段、第三段等跌勢中，便於評估與比較新舊跌幅大小、下跌時間長短，藉此追蹤行情走勢，也能提早嗅出行情變化（見下頁圖表 5-27）。

圖表 5-27　複製跌勢中的主波

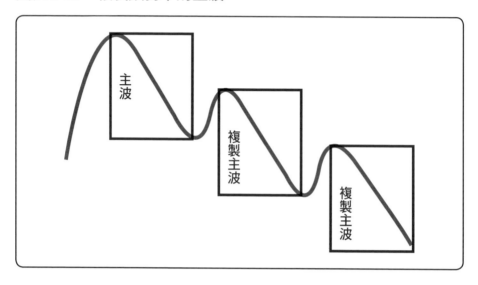

接下來，我將以實際的例子，示範如何透過主波預測行情。

圖表 5-28 圖中，指數自低點 8,196 點上漲至高點 9,581 點的過程，歷經四次上漲行情。其中，我們將第一次上漲行情規畫成主波，接著分別複製轉貼至第二次、第三次與第四次上漲行情中，藉以互相比較新舊漲幅大小、上漲時間長短，看看是否能維持在一定水準之內。

以圖表 5-28 的走勢為例，在第二次、第三次與第四次的上漲行情中，雖然表面上指數很強，仍能持續創新高、推升股價越漲越高，但實質上卻無法再次達到主波的漲幅水準。此時，馬上反向思考：這段看似漲勢強勁的行情中，似乎強中透弱、偷偷說著行情並沒有想像中的強勁。如此一來，一旦行情無法續創新高，可能馬上反向走跌、結束漲勢。

圖表 5-28　股價雖越推越高，但並未達到主波漲幅水準，顯示強中透弱

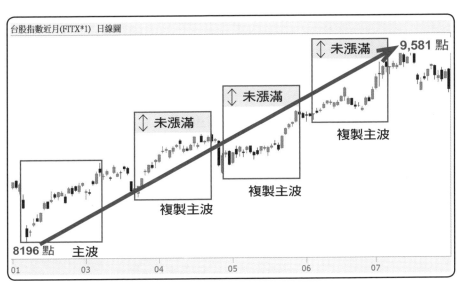

＊資料來源：中國信託致富王軟體。

※圖 5-28 追蹤後續行情：

當指數來到高點 9,581 點後，無法再續創新高而引發跌勢。這一跌，竟一路回跌至 8,497 點，創下 1,000 點以上跌幅。跌勢驚人。

下頁圖表 5-29 圖中，指數自低點 8,497 點上漲至高點 10,033 點的過程中，歷經六次上漲行情。同樣將第一次上漲行情規畫成主波，接著分別複製轉貼至第二次到第六次上漲行情中，互相比較一下新舊漲幅大小與上漲時間長短，評估漲勢水準。

以圖中範例來說，在第二到第六次的上漲行情中，雖然表面上指數很強，仍能持續創新高、推升股價持續攀升，但實質上，卻無法再次達到主波的漲幅水準。現在你知道了，要馬上反向思考：這段看似漲勢強勁的行情中，似乎強中透弱、代表行情並沒有想像中的強勁。如此一來，一旦行情無法續創新高，可能隨即反向走跌、結束漲勢。

圖表 5-29　上漲過程中，每波漲幅未達「主波漲幅」水準，若未再創新高，易出現「轉向」變化

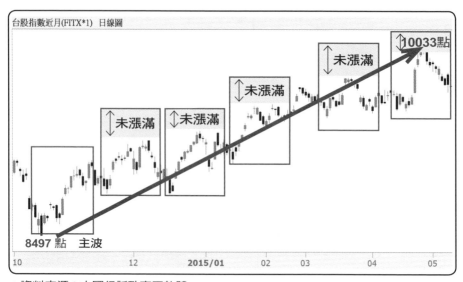

＊資料來源：中國信託致富王軟體。

> ※圖 5-29 追蹤後續行情：
>
> 當指數來到高點 10,033 點後，無法再續創新高而引發跌勢，這一跌竟一路回跌至 7,010 點，創下 3,000 點以上跌幅，跌勢相當驚人。

　　圖表 5-30 圖中，指數自低點 7,580 點上漲至高點 8,664 點的過程中，歷經四次上漲行情。將第一次上漲行情規畫成主波，並複製轉貼至第二次到第四次上漲行情中，互相比較新舊漲幅大小與上漲時間長短，評估漲勢水準。

　　在第二到第四次的上漲行情中，雖然表面上指數很強，仍能持續創新高、推升股價持續攀升，但實質上卻無法再次達到主波的漲幅水準，使行情看似雖強實則強中透弱。注意指數一旦行情無法續創新高，可能馬上轉弱。

圖表 5-30　漲幅收斂，若未再創新高，行情可能馬上轉弱

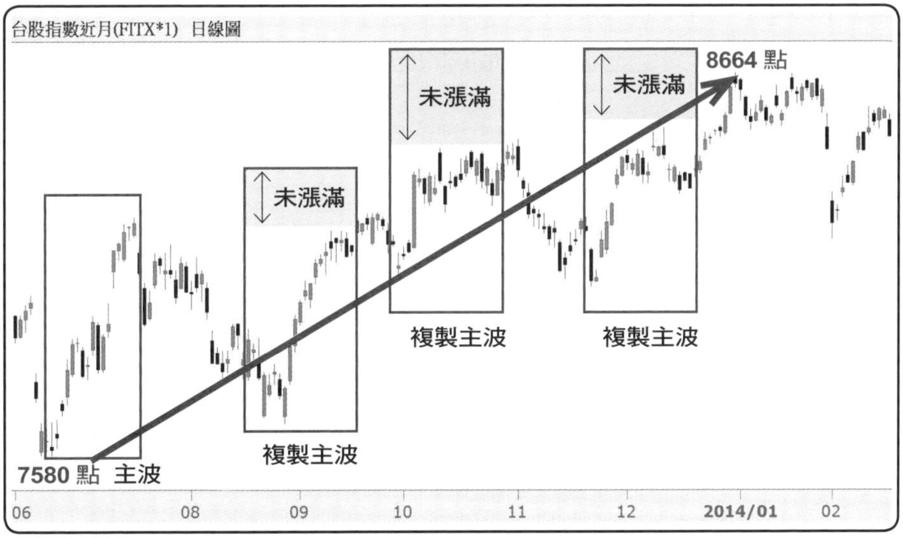

＊資料來源：中國信託致富王軟體。

> ※圖 5-30 追蹤後續行情：
>
> 指數漲至高點 8,664 點後無法續創新高，暫停漲勢、行情轉弱。所幸後來能克服壓力、續創新高，讓上漲行情得以延續下去，並一路攀升至 9,581 點後才休息。再漲 900 點以上。

透過前面的範例可得知，每每複製主波，卻發現後續的行情無法達成主波水平，而且是連續性出現這樣的問題，使漲勢行情看似雖強，實則強中透弱。此時唯一能衡量的標準，就是釐清：「指數究竟還有沒有辦法創新高？」若有，就可依附著慣性，漲勢行情還能享有趨勢力量來保護；若無法，指數開始無法再創新高結束慣性、行情遇難，此時，之前以空心磚堆疊而成的泡沫行情，其反作用力之驚人，不言可喻。

跌勢中的主波實用練習

圖表 5-31，指數由高點 8,449 點，下跌至低點 7,580 點後止跌反彈。仔細觀察，在這次下跌過程中，總共經過四次跌勢。我們可以從第一次下跌行情中，規畫出主波，接著複製轉貼到後續下跌行情中。

從圖中可以發現：第二次下跌時，指數未跌滿方框跌幅就轉強反彈；反彈之後，稍微休息了一下才續跌。第三次下跌時，同樣的情形又發生。這樣的情形一而再連續發生，說明行情雖跌但下跌的力量並不強。

因此，在第四次下跌中，即使經過短暫的超跌（跌破方框外），超跌後迅速轉強、反彈。

接著看到下頁圖表 5-32，指數歷經三次下跌行情後，由高點 9,550 點，下跌至低點 8,497 點後開始反彈。

圖表 5-31　若見跌幅連續收斂，需時時留意行情出現轉向變化

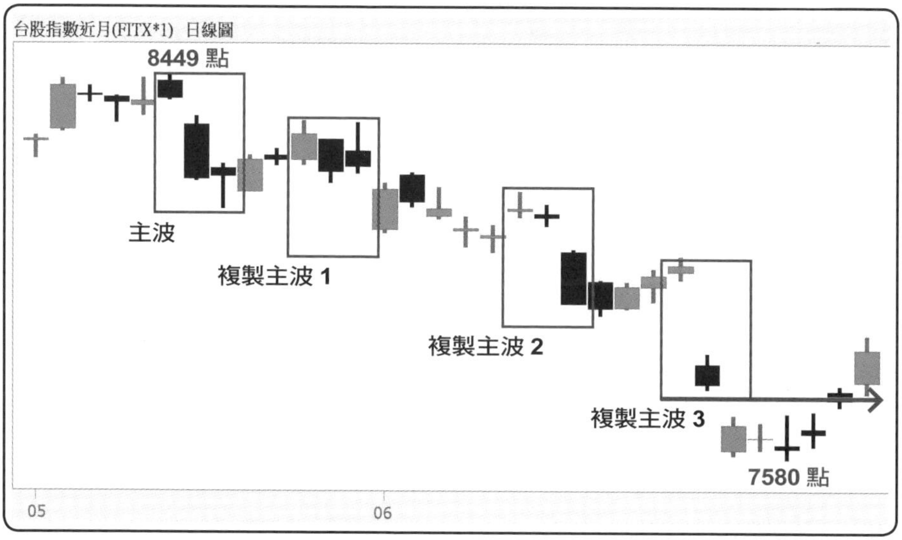

＊資料來源：中國信託致富王軟體。

我們同樣將第一次下跌行情規畫成主波，並複製轉貼至第二次到第三次的下跌行情中。其中，第一次與第二次下跌行情跌幅相當、互相呼應，第三次下跌行情中雖歷經短暫的超跌時光，但很快能夠再漲回。如果後續能持強，不再續創新低、不再拷貝跌幅、結束慣性，那麼行情很有機會揮別跌勢。

第 162 頁圖表 5-33 中的行情，指數自萬點行情的中高點 10,033 點開始起跌，且一路下跌至低點 7,010 點，期間總共下跌了 3,000 點以上，算是跌幅份量相當的空頭行情。萬點行情的反作用力（反跌），跌破大家的眼鏡。

圖表 5-32　行情末端的超跌與逆轉

＊資料來源：中國信託致富王軟體。

　　如果你將「主波（左邊上方第一個方框）」規畫完成，並往後複製轉貼至後續的每段跌勢中，你將發現：主波中的跌幅總共被複製了四次。直到第四次跌勢中，指數跌破框外後，開始如宣洩般的洪水，一路帶著股價往下滑落至 7,010 點的低點後，才止跌反彈。

　　指數在這次跌勢中，超跌情形明顯，如果細看可以發現：在圖中複製主波的四個方框內的跌幅，都能滿足甚至是超越主波跌幅水準，每每跌破主波跌幅、一路超跌，說明行情實在很弱。

第一波主波走完，即可掌握接下來大盤九成走勢

　　世界上不存在著完美的方法，只有適合或不適合你。規畫主波的

技巧也不完美，因為投資人必須耐心等候第一波行情走完，才能規畫主波。這也意味，第一波行情無法使用這個方法來掌握到，因為在那個時刻裡，我們還在等待、正在觀察。

不過，這其實帶來了另一個好處：通常第一波行情的穩定性不高，有時候是處於打底或盤頭階段，而一旦打底或盤頭失敗，那麼指數便容易續漲或續跌。

然而，如果我們能耐心等待第一波行情完成，並規畫出主波，代表一段有效的趨勢已經形成，後續只要將主波複製轉貼至第二次、第三次、第四次等行情中，如此就能輕鬆、簡單且確實的了解每一段行情品質的好與壞。

總而言之，只要依循主波的觀察方式，將技巧應用在整段趨勢中，就能更安全、更有效的掌握住行情。

投資知識補給站

- **打底**：此指行情結束跌勢、由跌轉漲的前奏。
- **盤頭**：此指行情結束漲勢、由漲轉跌的前奏。

圖表 5-33 連續出現超跌情形，顯示行情非常弱勢

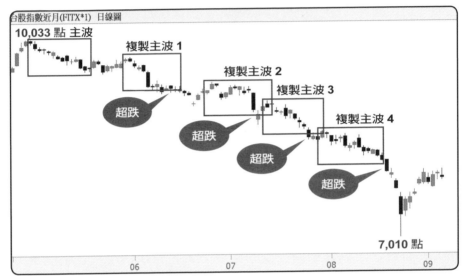

＊資料來源：中國信託致富王軟體。

第六章

出場、續抱或加碼？K線有答案

雖然很多人在研究K線，但還是有絕大多數的人在股市中賠錢，那是因為他們受到技術線圖以外的無用資訊影響。

——日本K線之神、《10,000元也能買飆股》作者
熊谷　亮

第一節
認識基本 K 線

投資台指期，最常使用的 K 線有：日線、小時線（60 分鐘 K 線）、半小時線（30 分鐘 K 線）、15 分鐘 K 線、10 分鐘 K 線、5 分鐘 K 線、1 分鐘 K 線等。在交易前，先依據自己的生活型態，來選擇最適合的 K 線頻率，這件事情極為重要。

比方說，如果你是上班族或忙碌的家庭主婦，並不適合使用時間太短的 K 線來交易，像是每 1 分鐘就產出一根的「1 分鐘 K 線」，或是每 5 分鐘就產出一根的「5 分鐘 K 線」等，使用這種 K 線意味著你得時常看盤，所以這類型的 K 線不適合你。

相對而言，小時線（每一小時才產生一根 K 線），或是日線（一整天才產出一根 K 線），這類時間較長的 K 線對你來說，應該是比較好的選擇，因為它們可以讓你無需盯盤，只需要幾個小時或一整天才看一次盤就足夠。

值得注意的是，**K 線所代表的時間越長，則漲跌幅越大**。比方說，1 分鐘 K 線上漲或下跌的漲跌幅，可能是指數 10 點到 30 點；10 分鐘 K 線上漲或下跌的漲跌幅，會擴大為指數 30 點到 60 點；以此類推，60 分鐘 K 線的漲跌幅，可能繼續擴大為指數 60 點到 100 點。

換句話說，假設你本來是使用 10 分鐘 K 線交易，今天換成 60 分鐘 K 線交易，那麼對於漲跌幅的看法，也要跟著同步放大。總之，在進入市場交易前，請務必優先評估自己的生活型態、交易資金水平、對於獲利的期待與風險承擔程度，挑選出最適合自己的 **K 線**。

確認操作K線，避免長短不分

使用 K 線時，要特別注意 K 線的對稱性。例如，你是因應日 K 線上所出現的買進信號買進，請務必因應日 K 線上的賣出信號賣出，以此達到使用 K 線的對稱性。

為什麼要特別提到這一項？根據我自己的經驗，以及對於交易市場的觀察：投資之所以會造成賺小賠大，往往是因為投資人使用時間週期相差太大的 K 線進行交易。最常見的狀況就是，一開始是打定主意想短線操作，但後來因種種原因而轉變成長線操作。為什麼會這樣呢？這跟交易紀律有極大的關係。

當因應日線上所出現的買進信號買進時，如果在日線上出現賣出信號時卻未賣出，一直拖延到連週線都出現賣出信號了才行動，這樣當然會讓自己陷入風險中。

這就像我稍早所提到的，1 分鐘 K 線漲跌的漲跌幅，可能是 10 點到 30 點；10 分鐘 K 線漲跌的漲跌幅，可能是 30 點到 60 點；60 分鐘 K 線漲跌的漲跌幅，可能擴及 60 點到 100 點。

假設，使用 1 分鐘 K 線交易，最大風險是 30 點，那麼使用 60 分鐘 K 線交易，最大風險就會放大成 100 點。若在發現 1 分鐘 K 線的買進信號進場，卻等到 60 分鐘 K 線出現賣出信號才離場，這時投資人需承受的風險，將由 30 點擴增到 100 點，風險立刻放大三倍以上，**這也是我一開始投資台指期，會賺小賠大的最大主因之一。**

奇怪的是，人們在獲利時比較容易遵守紀律，在虧損時則否。交易後，若順利賺到錢，投資人通常願意遵守紀律，在該停利時確實停利賣出。相對的，交易後若出現虧損，就很容易在該停損時，想要再

拚拚看，然而，這反而讓自己面臨更大風險。

遵守交易紀律，就是保護資金安全，所以無論賺或賠，都應該按照交易節奏進出場，**短線進就短線出，長線進就長線出**。千萬別在節骨眼上，為自己找藉口拖延出場時機。

紅 K 漲、黑 K 跌，聚集越多動能越強

投資股票的人一定都聽過 K 線圖，一般人提到的技術分析，主要就是以 K 線為基礎，再延伸出去。但到底 K 線是什麼？ K 線是由開盤價、盤中最高價、盤中最低價、收盤價，組成的圖形，換言之，它完整記錄股價的變動，並以顏色區分漲跌。

在台股市場中，紅色 K 線代表行情上漲，黑色 K 線代表行情下跌。正因為有了這樣的區分，這讓我們在看到 K 線圖時，能一眼看出行情走向。

一般而言，漲勢中容易見到紅色 K 線；紅 K 線聚集越多，上漲力量越強，容易推升股價。相對的，跌勢中容易見到黑色 K 線，黑 K 線聚集越多，下跌力量越強，股價容易下跌。

當股價上漲時，若想了解股價還會不會繼續漲，只要觀察 K 線圖，若 K 線還在往上堆疊推升股價，且漲勢中以紅色 K 線居多，那就顯示股價正處於多頭，且上漲能量強；相反的，若 K 線向上的動力漸漸不足，且紅色 K 線由多變少、由大變小，顯示股價向上遇到阻力。

相對的，想趁股價下跌時撿便宜，該什麼時候進場？同樣打開 K 線圖來檢查一下，如果 K 線還在往下堆疊推低股價，且跌勢中以黑

色 K 線居多，顯示股價下跌力量強，容易有更低價出現。反之，若 K 線有點向下推不動了，且黑色 K 線由多變少、由大變小，顯示股價向下有阻力，行情可能準備反轉。

　　像這樣應用 K 線圖來評估當時的行情，可幫助我們將行情看清楚，並降低風險、穩中求勝。換言之，K 線圖就像是旅行中的路線地圖，為我們清楚的指引出投資路線。

圖表 6-1　K 線基本圖

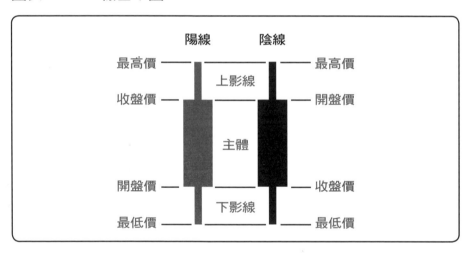

第二節
紅K的祕密：
長紅線代表會續漲？未必

　　紅 K 線一般又稱之為陽線、收紅、紅 K 或紅 K 棒等。每根 K 線都有其所代表的特定時間，而在這段特定時間內，若收盤時的價格能高於開盤時的價格，則 K 線得以收紅並形成紅 K 線。這也說明，在這段特定的時間內，股價趨勢為漲勢。

　　紅 K 線中的最強模式，莫過於開盤價即最低價，且收盤價即最高價。這說明了這根 K 線在開盤後，股價一路向上衝高，且漲幅越大則紅 K 線越長，形成長紅 K 線（見圖表 6-2）。

　　我們在判斷紅 K 線強弱時，可將紅 K 線實體部分視為主要判斷依據：**實體部分的體積大小代表股價實力**；K 線漲幅越大時，紅 K 線越長且力量越大。

紅K線的上下影線，代表什麼意思？

　　紅 K 線形式很多，除了前面所提最強紅 K 線外，帶有上、下影線的紅 K 線，也經常可見。K 線中的上影線，記錄 K 線自開盤至收盤期間，股價雖向上衝高，但可能因為市場中的賣壓出現，或其他因素而產生向上阻力，使股價變得保守，再由高處向下壓回而形成上影線；而 K 線中的下影線則記錄，股價在 K 線開盤後，曾向下跌破開盤時的價位，但在收盤前可能因為市場中逢低承接買氣，或人為護盤等因素，使股價再由低處往上拉高而形成下影線（見圖表 6-3）。

圖表 6-2　最強長紅 K 線，開盤價即最低價，收盤價即最高價

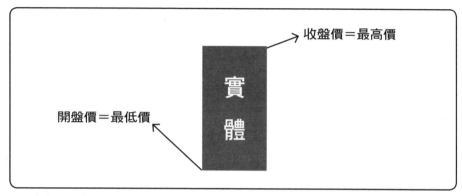

1.收盤價＞開盤價，股價收紅，形成紅 K 線。

2.紅 K 線的最強模式：開盤價即最低價，且收盤價即最高價。說明股價自開盤後一路向上衝高，上漲能量強。

3.實體部分的體積大小，代表股價實力。紅 K 漲幅越大，則紅 K 線越長且力量越大。

圖表 6-3　帶有上、下影線的紅 K 線

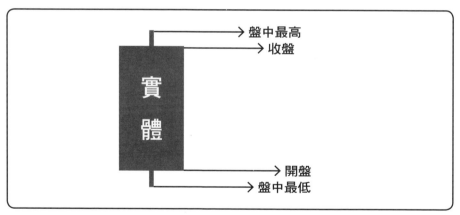

1.收盤價＞開盤價，股價收紅，形成紅 K 線。

2.盤中最高價＞收盤價，形成上影線。

3.盤中最低價＜開盤價，形成下影線。

K 線以紅色來表現出自開盤至收盤期間，股價趨勢向上。相較於紅 K 線中的最強模式而言，若出現帶有上、下影線的紅 K 線，股價於盤中表現顯得相對保守。既然紅 K 代表股價趨勢向上，而使得股價在向上發展時受阻而產生上影線的原因，就更值得探討了。

紅 K 上影線，上漲遇到壓力

紅 K 線之所以會形成上影線，通常可視為股價於開盤後，曾經一度向上衝高，但在紅 K 線收盤前，有一股力量將股價由高處再向下壓低，並留下軌跡而形成上影線。

這說明了股價向上時，所遇上的向上阻力（壓力）。而上影線也代表了股價由高處向下壓回的距離，上影線越長，顯示股價向上阻力越大（見圖表 6-4）。

圖表 6-4　上影線越長，顯示股價向上阻力越大

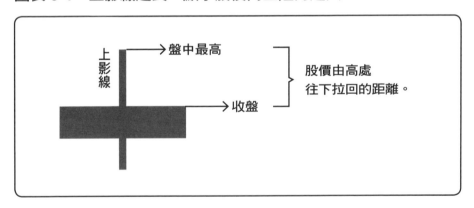

由圖表 6-5 可知，我們以箭頭方向，表示股價於盤中的變化情形。圖中顯示，股價於 K 線開盤後，曾經一度往上衝高至盤中最高

價，但在 K 線收盤時，股價因故由高處壓回，形成上影線，說明股價向上時，所遇上的向上阻力（壓力）。

上影線形成原因眾多，比方說：股價表現保守、盤中測試高點、高檔出現賣壓等原因，都可能形成上影線。而當上述原因的影響性越大，向上阻力越強，上影線也越長。

圖表 6-5　漲勢遇到壓力越大，上影線越長

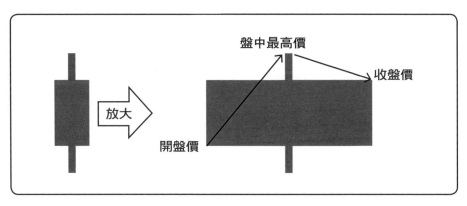

在第 172 頁圖表 6-6 我們以「股價衝高後，遇上賣壓而產生向上阻力，將股價向下壓回」情形而言，比較下列四種類型的 K 線所承受的賣壓情形，可知最右側的（D）類型 K 線所承受的賣壓，顯然比左側三者都來得更重。

在漲勢末端，若（D）類型 K 線出現，顯示漲勢受阻，可能為預告漲勢暫停或結束、行情即將反轉或可視為賣出信號。

圖表 6-6　上影線的長度比較

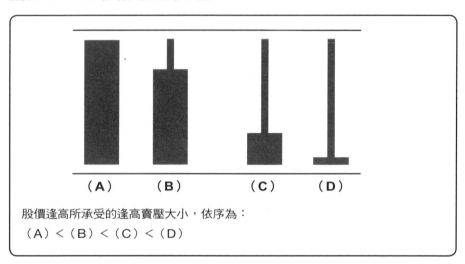

股價逢高所承受的逢高賣壓大小，依序為：
（A）＜（B）＜（C）＜（D）

紅 K 下影線：跌破開盤價又回漲

　　紅 K 線代表 K 線自開盤至收盤期間，整體股價趨勢向上；但若是紅 K 下影線，則代表了 K 線開盤後，一度往下衝低且低過開盤價，但在收盤前股價向上拉回，因而形成了下影線。用圖表 6-7 舉例，我以箭頭方向表示股價於盤中的變動方向。

　　出現紅 K 下影線時，代表以下幾種可能的盤勢：股價表現保守、股價盤中測試低點、股價逢低出現承接買氣等。而當上述原因的影響性越大時，向下阻力越強，下影線也越長（見圖表 6-8）。

圖表 6-7　股價開盤就往下衝破開盤價，收盤又漲回，就會形成紅 K 下影線

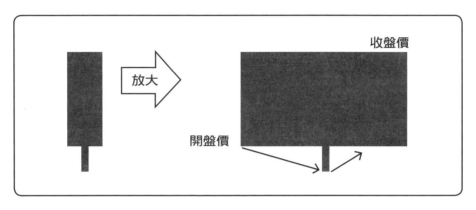

圖表 6-8　向下阻力越強，下影線也越長

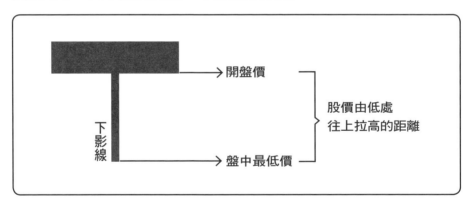

紅 K 上影線與下影線同時出現，怎麼看？

現在，你已經認識了紅 K 線中的上影線與下影線，了解它們形成的原因與含意。因此，若紅 K 線中同時出現上、下影線時，鐵定也難不倒你。只要記得一個原則：K 線實體代表股價實力。且紅 K 線實體越大，力量越強。

接下來，請你使用這個概念，並試著比較圖表 6-9 中四種類型紅 K 線的強弱程度，哪一個的力道最強？

當力量越強的紅 K 線出現在漲勢中，對於持續推升漲勢就越有利。因此在漲勢中，若出現如圖中（A）或（B）類型的紅 K 線時，較有助於持續推升漲勢。

另外，圖中（C）與（D）類型的紅 K 線，同時出現了上、下影線。上影線代表著股價向上時的阻力，下影線代表著股價向下時的阻力，而夾在中間的「實體部分」就是真實的股價實力。這也意味：當股價表現得越保守，實體部分越小，顯示對於未來方向不明確，因此需要搭配下一根 K 棒來輔助判斷。

以圖中的（C）或（D）類型紅 K 為例，這兩者的實體部分較小，上漲能量較弱，需搭配下一根更強而有力的紅 K 線，如（A）或（B）類型紅 K 線，來幫助確定趨勢向上。

常見的四種紅 K 線類型

一、長紅 K 線

長紅 K 線的定義即為，紅 K 線實體部分覆蓋了大部分範圍，表示上漲能量最強。依據不同的出現時機，有不同的含意與功能：若出現在跌勢或盤整後，可能成為反轉（行情由空翻多、由跌轉漲）、突破攻擊或買進信號；若出現在漲勢中，可能為領漲、延續漲勢信號；若出現在漲勢末端或漲高後，則需留意物極必反的可能，成為力竭、止漲信號，像是用盡氣力做最後衝刺。

圖表 6-9　K 線實體越大，力量越強

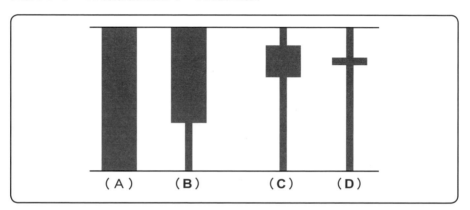

（A）　　（B）　　（C）　　（D）

圖表 6-10　長紅 K 線的四種典型

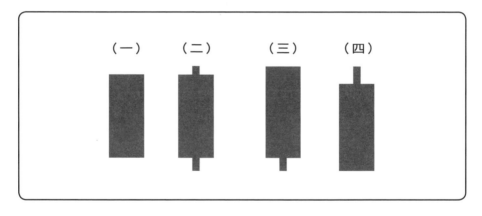

（一）　　（二）　　（三）　　（四）

二、十字型紅 K 線

十字型紅 K 線，帶有長長的上下影線，紅 K 實體只占了少部分，上漲能量較弱。若出現在漲勢中，常具有休息、中繼或觀望等含意；若出現在跌勢中，則可能代表跌勢暫停或結束的意思。

圖表 6-11　十字型紅 K 線的三種典型

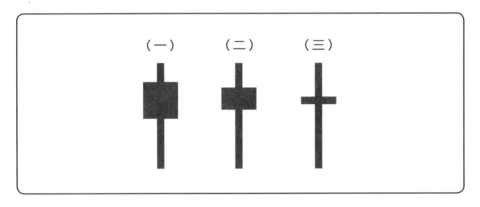

三、傘型紅 K 線類型

傘型紅 K 線，其紅 K 線實體部分較小，且集中在上方，下方帶有長長下影線為其特徵。整體看來猶如打開的雨傘，上方實體部分是被打開的傘部，下影線部分是雨傘握柄（見圖表 6-12）。

從 K 線形狀判斷，可知股價在盤中曾經一度往下跌深，但有股強烈的力量，將跌深的股價從低檔再往上推高，並留下足跡──長長的下影線。

傘型紅 K 若出現在漲勢中，常為預告漲勢尚未結束、行情仍有續漲機會；若出現在跌勢中，則預告醞釀止跌或反彈。

四、鎚型紅 K 線

鎚型紅 K，其紅 K 實體部分較小且集中在下方。上方帶有長長上影線為其特徵。整體看來，猶如垂立在平面上的鎚子一般，下方實體部分為其鎚部，上影線部分為其握柄（見圖表 6-13）。

若在漲勢中出現鎚型紅 K 線，顯示上漲過程中，因為遇上壓力

而使漲勢明顯受阻。

圖表 6-12　傘型紅 K 線的三種典型

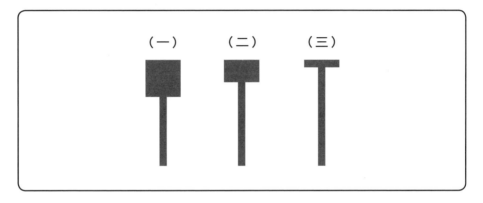

圖表 6-13　鎚型紅 K 線的兩種典型

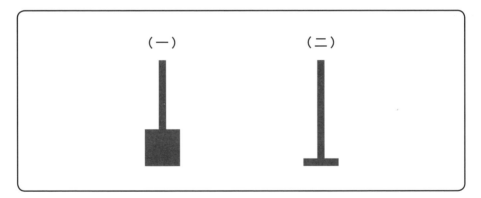

第三節
黑 K 的祕密：
長黑線也可能是止跌信號！

　　黑 K 線，一般又稱之為陰線、收黑、黑 K 或黑 K 棒等。每根 K 線有其所代表的特定時間，而在這段特定期間內，若收盤時的價格低於開盤時的價格，則形成黑 K 線（見圖表 6-14）。這也說明，在這段特定的時間內，股價趨勢為跌勢。

　　黑 K 線中最強模式，莫過於開盤價即最高價，且收盤價即最低價，此說明了這根 K 線開盤後，股價一路向下衝低，且跌幅越大，黑 K 線越長，形成長黑 K 線。

　　判斷黑 K 線強弱時，我們同樣可將黑 K 線的實體部分，視為主要判斷依據。實體部分的體積越大，代表了 K 線跌幅越深，向下的力量越強。

　　黑 K 線的形式有很多種，不同形式的黑 K 線各有其不同含意。除了前面提到的最強黑 K 線外，帶有上下影線的黑 K 線也很常見；黑 K 上影線，記錄股價在 K 線開盤後曾向上衝高，但最終被一股力量往下壓回的足跡；黑 K 下影線，則記錄了與上述相反的方向（見圖表 6-15）。

　　而當這股造就 K 線中上下影線的力量越強時，影響性就越大，使 K 線上下影線顯得越長，此將同時影響黑 K 線實體部分的體積大小，與 K 線強弱。

圖表 6-14　最強長黑線，開盤即最高價，收盤即最低價

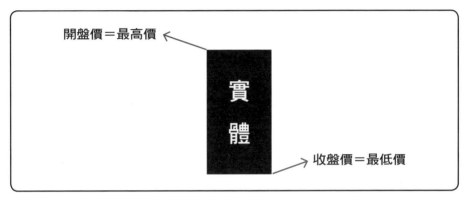

1. 收盤價＜開盤價，股價收黑，形成黑 K 線。
2. 黑 K 線最強模式：開盤價即最高價，且收盤價即最低價。說明股價自開盤後一路向下衝低，下跌能量強。
3. 實體部分的體積大小，代表股價實力。黑 K 線跌幅越大，則黑 K 線越長且力量越大。

圖表 6-15　帶有上、下影線的黑 K 線

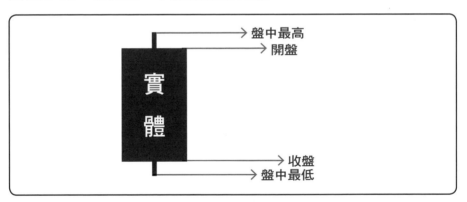

1. 收盤價＜開盤價，股價收黑，形成黑 K 線。
2. 盤中最高價＞開盤價，形成上影線。
3. 盤中最低價＜收盤價，形成下影線。

黑 K 下影線，表示跌勢受阻

K 線以收黑來表現，股價於開盤至收盤期間趨勢向下。相較於黑 K 線中最強模式而言，帶有上、下影線的黑 K 線，動能顯得較為保守。既然黑 K 線代表股價趨勢向下，那麼代表股價向下時所產生阻力的下影線，就更值得研究了。

黑 K 下影線表示股價於開盤後曾一度往下衝低，但在黑 K 線收盤前，有一股力量將股價由低處再往上拉高，並留下軌跡而形成下影線。而這同時也說明了股價向下時，所遇到的向下阻力（支撐）。而下影線也代表了股價由低處往上拉高的距離，**下影線越長，顯示股價向下的阻力越大。**

從圖表 6-16 可以看到，我以箭頭方向來表示股價於盤中的變化情形。圖中顯示股價於 K 線開盤後，曾經一度向下衝低至盤中最低價，但在 K 線收盤時，股價因故再由低向上拉高而形成下影線，說明股價向下時，所產生的向下阻力（支撐）。

圖表 6-16　向下阻力越大，下影線越長

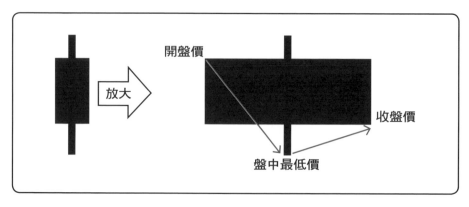

另外，黑 K 下影線也代表了：股價由低處向上拉高的距離。下影線越長，暗示黑 K 向下時的阻力越大。

下影線形成原因眾多，比方說：股價表現保守、盤中測試低點、股價逢低出現承接買氣等原因，都可能成為股價向下時，所產生的阻力並形成下影線，且當這些原因的影響性越大時，下影線也越長。

圖表 6-17　黑 K 下影線的長度，顯示股價由下往上拉高的距離

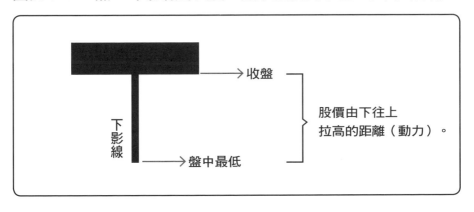

接著看到第 182 頁圖表 6-18，假設以「股價探低時出現向下阻力，使股價由低處往上拉高」情形而言，圖中的（D）所承受的向下阻力（支撐）情形，明顯比前面三者都還要來得強。這類型 K 線，在跌勢處於嘗試止跌與打底的過程中經常可見，常為預告跌勢可能即將結束、行情可能即將反轉。

圖表 6-18　下影線越長，代表向下阻力越大

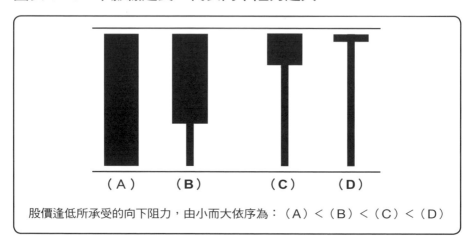

（A）　　（B）　　　（C）　　　（D）

股價逢低所承受的向下阻力，由小而大依序為：（A）＜（B）＜（C）＜（D）

黑 K 上影線，股價向上挑戰的跡象

前面提到，出現黑 K 下影線，下影線越長代表行情越有可能出現變化，反之，若出現黑 K 上影線，則代表 K 線自開盤至收盤期間，股價雖曾經向上衝高，但最終在收盤前再被打壓回鍋，並遺留下奮鬥的足跡——上影線。

看到圖表 6-19，我們以箭頭方向表示，股價於盤中的變動方向。圖中顯示，股價於 K 線開盤後，一度往上衝高，且高過開盤價，但在收盤前股價往下壓回，因而形成上影線。

看見黑 K 棒出現上影線時，不妨反過來想，莫將它僅視為向上阻力，而要將它視為逆勢向上奮鬥的過程。上影線代表了股價由高處向下壓回的距離，因此上影線的長度，可顯示奮鬥過程中的激昂程度，當上影線越長，顯示股價於 K 線期間內，逆勢挑戰的野心越大。

圖表 6-19　黑 K 上影線，逆勢向上奮鬥的過程

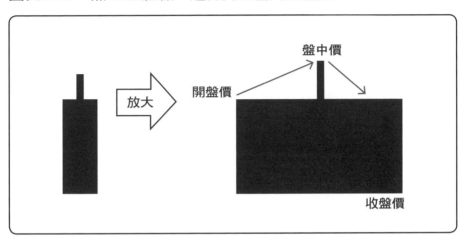

當帶有長長上影線的黑 K 線出現在漲高時，往往有「修正股價過熱」的含意；若出現在跌深時，且以上影線創下近期新高價，則可能有不畏當下跌勢，而「逆勢挑戰高價」的野心，最終股價雖仍收黑，但過程中逆勢向上挑戰高價的動能不容忽視。

圖表 6-20　黑 K 上影線，挑戰高價或修正行情的表現

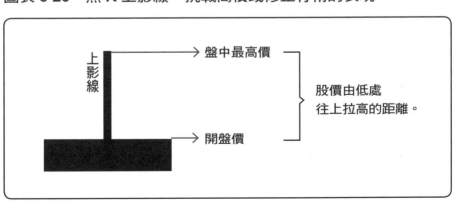

黑 K 上影線出現在跌勢末端表示：逆勢向上挑戰過程受阻、股價盤中測試高底等。而當上述原因的影響性越大時，向上阻力越強，上影線越長。將 K 線變化與整體趨勢合併判斷，常可及早預估行情變化的開端。

當黑 K 線上下影線同時出現，是什麼意思？

　　現在，我們已經了解黑 K 線的判斷方式與形成原因。接著請利用圖表 6-21，試著比較下列 K 線的強弱。

　　如圖中所示，K 線中的上下影線，分別代表了股價向上與向下過程中，所產生的阻力；K 線實體部分，則代表了最真實的股價趨勢，為股價實力。其中，實體部分體積越大者，力量越大且下跌能量越強，若出現在跌勢中，有助於行情續跌。反之，當股價表現較保守時，則 K 線實體體積較小，顯示對於未來方向較不明確，往往需要搭配下一根 K 線來輔助判斷。

圖表 6-21　黑 K 實體越大，下跌力量越強

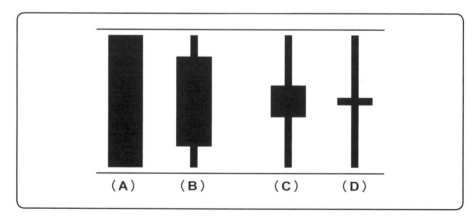

以圖表 6-21 的（C）與（D）為例，這兩者的實體部分體積較小，方向較不明確，需搭配下一根更強而有力的黑 K 線，如（A）或（B）型的黑 K 線，來幫助確定股價跌勢繼續。

四種常見黑 K 線類型

一、長黑 K 線

長黑 K 線，圖形為黑 K 實體部分，覆蓋了大部分範圍，下跌能量最強。依據不同出現時機，而具有不同含意與功能：若出現在漲勢中或盤整後，可能為「反轉（行情由多翻空、由漲轉跌）、起跌、賣出或放空」信號；若出現在跌勢中，可能為「領跌、延續跌勢」信號；若出現在跌勢末端或跌深後，需留意物極必反的情形，可能反而成為「力竭、止跌」信號。

圖表 6-22　四種典型的長黑 K 線

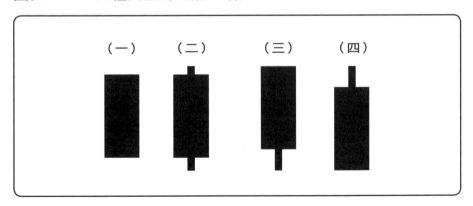

二、十字型黑 K 線

十字型黑 K 線，帶有長長的上下影線，黑 K 線實體只占了少部分，下跌能量較弱。若出現在跌勢中，則常具有休息、中繼或觀望等含意；若出現在漲勢中，則可能表示漲勢暫停或結束（見圖表 6-23）。

看到這類型的 K 線時，總讓人渾身不舒暢，要上不上、要下不下的，股價趨勢被鎖在狹小空間內。由於此類型的 K 線方向曖昧不明，常需要搭配下一根 K 線來輔助判斷。

圖表 6-23　三種典型的十字黑 K 線

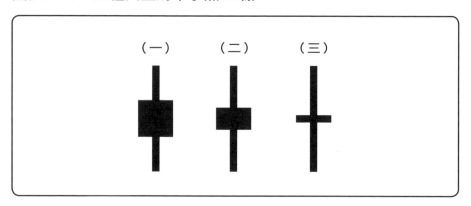

三、傘型黑 K 線

傘型黑 K 線，其黑 K 實體部分較小，且集中在上方處。下方帶有長長下影線為其特徵。形狀猶如被打開的傘狀，實體部分為其傘部，下影線則為傘柄（見圖表 6-24）。

從 K 線形狀看來，可顯見 K 線在下跌過程中，有股推力將股價從低檔往上推高。當此類型 K 線出現在跌勢中，暗示有逢低承接買

圖表 6-24　三種典型的傘型黑 K 線

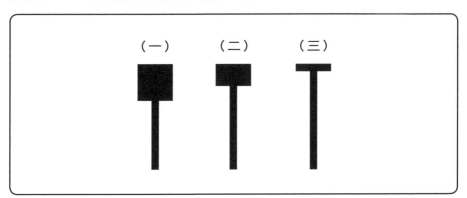

氣出現、下方有支撐與跌勢受阻等含意；若出現在漲勢中，則顯示上有賣壓且下有支撐，行情容易陷入盤整中。

四、鎚型黑 K 線

　　鎚型黑 K 線，其黑 K 實體部分較小，且集中在下方處，上方帶有長長上影線為其特徵。形狀猶如垂立在平面上的鎚子一般，下方實體為其鎚部，上方上影線為其鎚柄。

　　從 K 線形狀判斷，可知在 K 線期間內，股價曾一度往上衝高，但最終再被向下壓回，顯見 K 線在上漲過程中遇上阻力。當此類型 K 線出現在跌勢中，表示有跌勢尚未結束、續跌機會仍大的可能；若出現在漲勢中，則可能有賣壓出現而使漲勢受阻、醞釀行情反轉。

　　這類型 K 線很容易讓人連想起，電影《雷神索爾》中的神奇鐵鎚，總是以這種方式鎚立在平面上，除了雷神之外，誰也無法舉起這把神鎚。你可以把它想像成是一把重量很重的鐵鎚，當你舉起它，它會牽引你的手一直向下墜，同理也會牽引股價向下墜。

圖表 6-25　兩種典型的鎚型黑 K 線

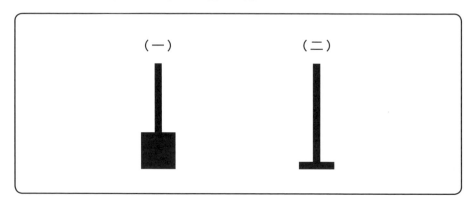

第四節
K 線實戰應用

認識了眾多類型的 K 線之後，接下來我們要將長紅 K 線與長黑 K 線，特別獨立出來進行深入討論。在眾多 K 線類型中，就屬長紅 K 線與長黑 K 線最特別，它們的體積最大、分量最足，每每在 K 線圖上見著它們，其含意格外深遠，常暗示接下來的情勢肯定不再風平浪靜。

另外提醒一點，使用 K 線圖時，如果是以單獨一根 K 線來判斷整體行情，就好像以管窺天。最好要連同當時的市場行情與趨勢方向加以判斷，才能避免因為判斷範圍太過狹隘，而產生的盲點。

見紅就追？那可未必

以紅 K 線的類型中，最強模式的長紅 K 線為例，在一般情況下，大多數投資人習慣見紅就追，但當長紅 K 線出現時，究竟是否真為買進信號？這個問題就要連同當下的行情一起判斷，比方說，若長紅 K 線出現在股價跌深後，可能為預告跌勢止跌、行情即將轉強的信號；若長紅 K 線出現在盤整後往上突破，可能為預告盤整結束、行情即將轉強的信號。或與上述情況相反的是，當長紅 K 線出現在股價漲高後，也可能是為漲勢做最後衝刺，成為預告漲勢結束的信號。

而黑 K 線的類型中，能量最強的長黑 K 線，情況與上述相同但

方向相反，舉例而言：若長黑 K 線出現在股價漲高後，可能為預告漲勢結束、行情即將轉弱的信號；若長黑 K 線出現在盤整後往下跌破，可能為預告盤整結束，行情即將轉弱的信號。或與上述情況相反的是，若長黑 K 線出現在股價跌深後，也可能為跌勢做最後衝刺，成為預告跌勢結束的信號。

由此可知，即使是同類型的 K 線，但出現的位置不同、行情不同，便會產生不同的解讀與意義，而 K 線的實用性最重要的莫過於：先將何種 K 線出現在何時、何處優先判斷，正確解讀後才能賦予切合實際的操作方式。

起漲信號，注意兩個位置的長紅 K 線

我們稍早討論過，大多數投資人喜歡見紅就追，常常在看見紅 K 線後就認定股價將漲，於是急著追隨買進，但事實上，並非每次紅 K 線出現，就代表股價將要上漲。以紅 K 線類型中，上漲力量最強的長紅 K 線而言，當它出現在下列狀況中，常成為「止跌、起漲」信號，具有預告跌勢暫停或結束、行情即將轉強與起漲等功能：

一、跌勢末端：低檔長紅 K 線

當趨勢處於跌勢末端時，若出現力量強勁的長紅 K 線，常能阻擋跌勢繼續延燒，進而形成止跌、起漲的信號，預告跌勢即將暫停或結束（見圖表 6-26、6-27）。

圖表 6-26　止跌與起漲信號：跌勢末端的止跌長紅 K 線

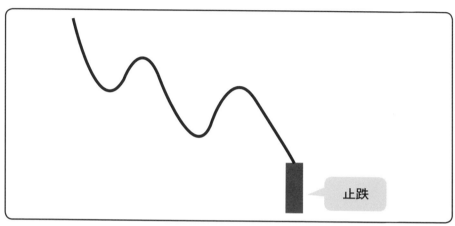

當趨勢處於跌勢末端時，若能出現力量強勁的長紅 K 線，常能阻擋跌勢繼續延燒，而形成「止跌、起漲」信號，預告跌勢暫停或結束。

圖表 6-27　止跌與起漲信號：跌勢末端的起漲長紅 K 線

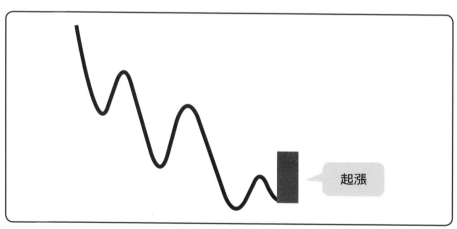

當跌勢止跌，不再創新低，且出現「低檔長紅 K 線」，常為「起漲」信號。

二、盤整末端：突破長紅 K 線

盤整時，由於股價長時間被壓縮在特定區間內震盪整理，此時若能出現長紅 K 往上突破盤整區間，可能為預告盤整結束、行情轉強與起漲信號（見圖表 6-28）。

圖表 6-28　止跌與起漲信號：盤整末端的突破長紅 K 線

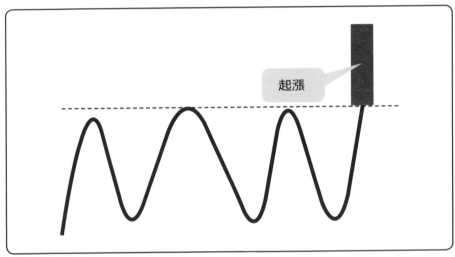

當股價經過長時間盤整，而被壓縮在特定區間內震盪整理，若出現長紅 K 線往上突破盤整區間，則常具有預告盤整結束與領漲的功能。

五個實例，低檔紅 K 線止跌領漲

● 範例一：

看到圖表 6-29，這個範例非常精采。你可以看到指數跌深後，開始使出現諸多低檔長紅 K 線，來阻擋跌勢與領漲行情。計算指數自低點 7,678 點處，止跌轉漲後，漲至高點 8,393 點後才休息，共計創下 715 點漲幅。

這個範例最精采之處在於：適逢股價跌深後，連續出現低檔長紅，而且每一根都是鏗鏘有力的大型長紅 K 線，止跌與領漲的意圖，真是再明顯不過了。

圖表 6-29　低檔長紅 K 線止跌、領漲（一）

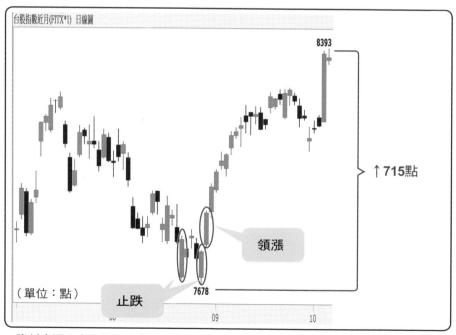

＊資料來源：中國信託致富王軟體。

● 範例二：

在這個範例中，指數跌深後出現兩低檔紅 K 線，來阻擋跌勢與領漲行情。計算指數自低點 7,580 點處止跌轉漲，並漲至高點 8,257 點後才休息，共計創下 677 點漲幅。

此例中有個特別值得討論的地方：當止跌紅 K 線出現後，指數即使續創新低 7,580 點，但從續創新低的黑 K 線形狀來看，下跌氣勢大不如前。在如此情況下再出現領漲紅 K 線，止跌轉漲的意圖非常明顯。

圖表 6-30　低檔長紅 K 線止跌、領漲（二）

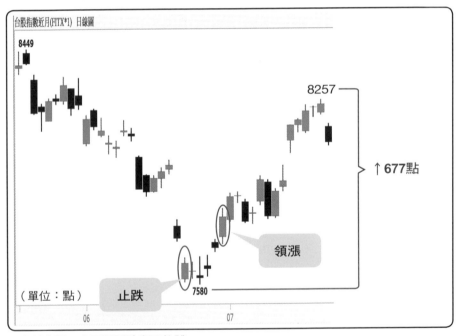

＊資料來源：中國信託致富王軟體。

● 範例三：

從圖表 6-31 可以看到，指數跌至低點 7,693 點後止跌轉漲。過程中，同樣出現低檔長紅 K 線阻擋跌勢，並領漲行情。計算指數止跌轉漲後，自低點 7,693 點，漲至高點 8,449 點，共計創下 756 點的漲幅。

這個範例中，特別值得討論的是領漲紅 K 線；單單這一根紅 K 線，就上漲了 163 點。氣勢如此盛大，領漲意圖來勢洶洶，也為後續行情帶來大於 700 點以上的可觀漲幅。

圖表 6-31　低檔長紅 K 線止跌、領漲（三）

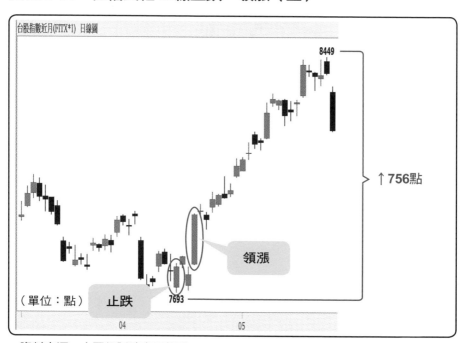

＊資料來源：中國信託致富王軟體。

● 範例四：

在圖表 6-32 中，當指數來到低點 6,775 點後 K 線收紅，後續再祭出領漲紅 K 線來逆轉跌勢，並引領行情大漲一波。在這個行情中，總計創下 1,035 點的千點大行情。

圖表 6-32　低檔長紅 K 線止跌、領漲（四）

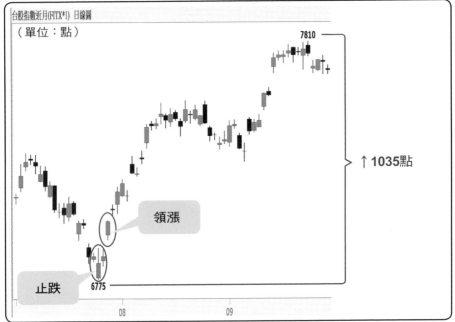

＊資料來源：中國信託致富王軟體。

● 範例五：

圖表 6-33 中，指數跌深至圖中低點 7,029 點。下跌過程中，同樣出現低檔長紅 K 線，來止跌與領漲行情，引領後續行情由跌轉漲，自低點 7,029 點，漲至高點 7,778 後休息，共計創下 749 點漲幅。然而，這只是第一階段漲勢，後續行情更是持續不斷向上攀升。

在這個範例中，你可以看到兩個重點：

（一）強烈止跌信號：以紅 K 線出現在新低點之後

指數創新低的過程中，最終以紅 K 線來結束跌勢，這是再明顯不過的強烈止跌信號了。

（二）打底：堅強厚實的底部

圖中止跌紅 K 線出現不久後，出現第一次的領漲紅 K 線，而這次雖然失利，但後續再接再厲，總算成功。指數打底過程中，若能反覆出現長紅 K 線來充實底部，反而能形成堅強厚實的底部，並出現強而有力的低檔支撐。

圖表 6-33　低檔長紅 K 線止跌、領漲（五）

＊資料來源：中國信託致富王軟體。

五個範例，盤整末端的突破長紅 K 線，準備起漲

● 範例一：

在圖表 6-34 中，指數在跌勢末端股價開始迷亂而失去方向，上下徘徊、震盪不斷形成盤整區間。盤整期間，我們取其高低點規畫成盤整區間（如圖中陰影色塊區域範圍內），並觀察指數後續表現。

以圖中範例而言，指數在盤整後，藉由一根長紅 K 線向上突破盤整區間，宣告盤整時局結束，上漲行情隨即展開。檢視圖中範例，可見指數自突破區間後，立即上漲 350 點。

圖表 6-34　盤整末端的突破長紅 K 線，轉強、領漲（一）

＊資料來源：中國信託致富王軟體。

● 範例二：

範例中，指數在上漲過程中形成一盤整區間。盤整時局，藉由指數上下震盪時的高低點，規畫出盤整區間，並觀察指數何時突破。

從圖表 6-35 可見，指數突破盤整區間後，隨即展開上漲行情，自區間高 8,889 點漲至高點 9,144 點，總計上漲 255 點。

指數上漲過程中，常見先休息後再漲的情形，如同此範例中的盤整區間，就是一個漲勢中的休息階段。一旦指數休息夠了，就會往上突破盤整區間，引領行情再次向上展翅高飛。

圖表 6-35　盤整末端的突破長紅 K 線，轉強、領漲（二）

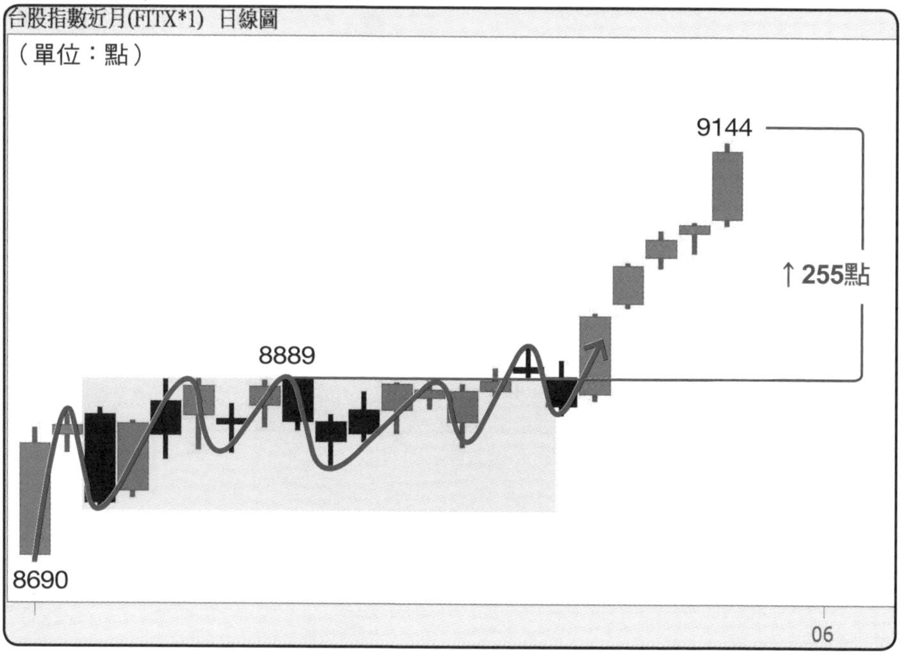

＊資料來源：中國信託致富王軟體。

● 範例三：

圖表 6-36 中，在跌勢末端形成盤整區間，盤整時間不長，隨後以一長紅 K 線向上突破盤整區間，結束盤整時局並宣告行情上漲。而這一漲，足足漲了 609 點。

圖表 6-36　盤整末端的突破長紅 K 線，轉強、領漲（三）

＊資料來源：中國信託致富王軟體。

● 範例四：

看到圖表 6-37，指數陷入盤局後，隨後以長紅 K 線突破盤整區間，宣告盤局結束，漲勢將起。自紅 K 突破盤整區間後，指數隨即上漲 491 點。

圖表 6-37　盤整末端的突破長紅 K 線，轉強、領漲（四）

＊資料來源：中國信託致富王軟體。

● 範例五：

圖表 6-38 中的盤局維持的時間很短，而且乾淨俐落不拖泥帶水。經過在跌勢後，經過短暫盤整，便向上突破。第一階段的漲勢同樣乾淨俐落的大漲 634 點。

圖表 6-38　盤整末端的突破長紅 K 線，轉強、領漲（五）

＊資料來源：中國信託致富王軟體。

第五節
起跌信號！
注意長黑 K 線位置

　　起跌與起漲信號情形相同，但方向相反。在黑 K 線的類型中，力量最強勁者為長黑 K 線，而大多數投資人在期待漲勢的過程中，最怕見到長黑 K 線來阻擋漲勢繼續延燒。事實上，並非每次長黑 K 線出現就會引領跌勢展開，而唯有長黑 K 線出現在以下兩種情況下，才最容易形成起跌的開端：

一、漲勢末端：高檔長黑 K 線

　　當趨勢處於長期漲勢中來到漲勢末端，此時股價已經漲高，若出現力量強勁的長黑 K 線，常能阻擋漲勢繼續延燒，可能為預告漲勢即將暫停或結束、行情即將轉弱、跌勢即將展開的止漲、起跌信號（見第 204 頁圖表 6-39、6-40）。

二、盤整末端：跌破長黑 K 線

　　盤整時，由於股價長時間被鎖定在特定區間內震盪整理，此時若能出現長黑 K 線往下跌破盤整區間，多半預告盤整結束，具有領跌的功能（見第 205 頁圖表 6-41）。

圖表 6-39　漲勢末端：高檔長黑 K 線（一）

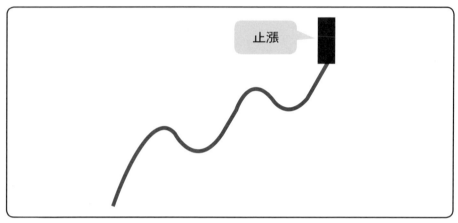

當長黑 K 線出現在股價漲高後，可能阻擋漲勢繼續，而成為預告漲勢將要結束、行情即將轉弱或起跌的信號。

圖表 6-40　漲勢末端：高檔長黑 K 線（二）

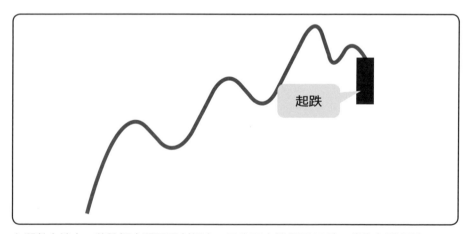

在漲勢末端中，若股價止漲不再創新高，且出現高檔長黑 K 線，常為起跌信號。

圖表 6-41　盤整末端：跌破長黑 K 線

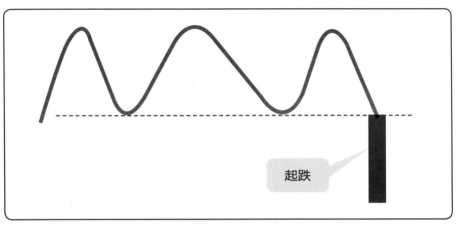

起跌

股價經過長時間盤整，被鎖定在特定區間內震盪整理，若出現長黑 K 線往下跌破盤整區間，常具有預告盤整結束與領跌的功能。

從實例分析，長黑 K 線的領跌效果

● 範例一：

在第 206 頁圖表 6-42 中，當指數來到高點 10,033 點後 K 線收黑，後續再祭出領跌黑 K 線來扭轉漲勢，並引領行情大跌一波。計算這波下跌，總計創下有 521 點跌幅。

● 範例二：

從第 206 頁圖表 6-43 中可看到，指數原本處於漲勢中，來到高檔 9,550 點後，開始出現高檔黑 K 線阻擋漲勢，進而形成起跌的開端。計算這段跌勢，自高點 9,550 下跌至圖中低檔 8,871 點，總計創下 679 點的跌幅。

圖表 6-42 高檔長黑 K 線止漲與領跌（一）

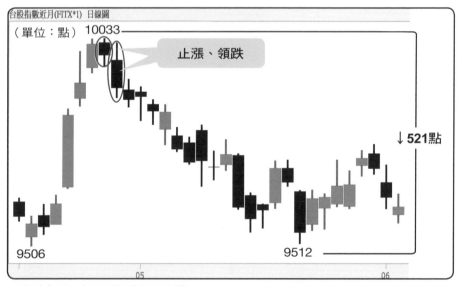

* 資料來源：中國信託致富王軟體。

圖表 6-43 高檔長黑 K 線止漲與領跌（二）

* 資料來源：中國信託致富王軟體。

● 範例三：

從圖表 6-44 中，指數於漲勢末端，出現高檔長黑 K 線來阻擋跌勢，並進一步形成起跌的開端，成為止漲與領跌信號。

計算指數這段跌勢，自高檔黑 K 出現後行情開始下跌，自高點 8,476 點，跌至圖中低點 8,062 點，總計創下 414 點跌幅。

圖表 6-44　高檔長黑 K 線止漲與領跌（三）

＊資料來源：中國信託致富王軟體。

● 範例四：

在第 208 頁圖表 6-45 中，指數漲至高點 8,449 點後止漲轉跌。過程中，同樣出現高檔長黑 K 線終止漲勢並領跌。計算指數止漲轉跌後，自高點 8,449 點跌至低點 7,580 點，共計創下 869 點跌幅。

這個範例中，特別值得討論的是領跌黑 K 線；單單這一根黑 K 線就下跌了 145 點。有氣勢如此驚人盛大的高檔長黑 K 線來領跌，行情想再往上走都很難。

圖表 6-45　高檔長黑 K 線止漲與領跌（四）

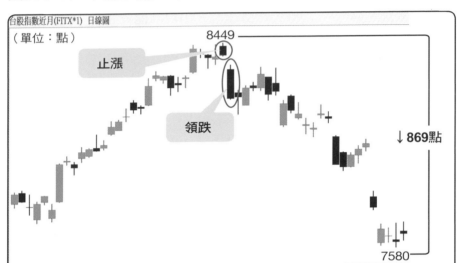

＊資料來源：中國信託致富王軟體。

● 範例五：

在圖表 6-46 的範例中，指數於漲勢末端，出現了高檔黑 K 線來止漲與領跌。隨後漲勢結束，行情開始由強轉弱、由漲轉跌，自高點 7,777 點向下滑落至低點 6,725 點後才休息。創下千點以上跌幅，總計下跌有 1,052 點。

● 範例六：

在圖表 6-47 中，指數在下跌過程先陷入盤中整理與休息。隨後出現一根黑 K 線向下跌破盤整區間，宣告盤局結束並引領跌勢展開。而這一跌不得了，自跌破盤整區間的 9,011 點起算，續跌至 7,010 點才休息，總計創下 2,001 點的大型跌幅。

這個範例特別之處在於：指數跌破盤整區後，曾一度試圖想回歸到盤整區間內，可惜沒有成功，隨後再度展開跌勢。

圖表 6-46　高檔長黑 K 線止漲與領跌（五）

*資料來源：中國信託致富王軟體。

圖表 6-47　黑 K 線向下跌破盤整區，轉弱與領跌（一）

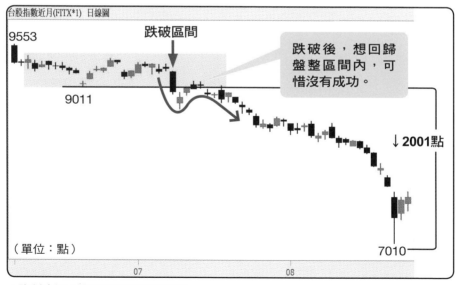

*資料來源：中國信託致富王軟體。

● 範例七：

在圖表 6-48 中，可以看到指數自高點 10,033 點，開始向下滑
落。第一階段跌勢在 9,512 點附近出現反彈行情，並陷入盤局，此時
找出盤局範圍，並靜觀指數後續表現。而這次盤局時間不長，很快就
出現一根長黑 K 線，向下跌破盤整區間，以此宣告盤局結束並引領
跌勢展開。

圖表 6-48　黑 K 線向下跌破盤整區，轉弱與領跌（二）

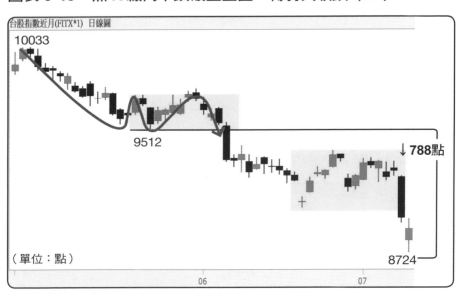

＊資料來源：中國信託致富王軟體。

此範例中可以看到，指數在下跌過程中，出現兩次盤局（有兩個
盤整區間），形成盤跌走勢。此盤跌走勢，在指數處於跌勢時常見，
像是走走停停，下跌又盤整，盤整後又下跌，就向下樓梯一樣，指數
走勢有如向下階梯型（見第 212 頁圖表 6-49）。

● 範例八：

在第 212 頁圖表 6-50 中，指數自左側至高點 9,581 點，向下滑落至低點 9,281 點，下跌了 300 點後開始出現反彈行情，展開盤局。盤局中，藉由指數震盪時的高低點，規畫出盤整區間，以利觀察後續表現。

從圖中可以看到，盤整到了最終，是以一長黑 K 線來跌破盤整區間，但有趣的是，這根長黑向下跌破的氣勢不足。一旦出現這樣的情形，需重點觀察：隨後而至的跌勢與跌幅，可能較為小型化。

● 範例九：

第 213 頁圖表 6-51 中，指數自圖中至高點 8,664 點向下滑落至 8,503 點後，開始進入一陣盤局之中。我將下跌前高點 8,664 點視為區間天花板，下跌後低點 8,503 點視為區間地板。一旦指數向下跌破盤整區間，隨即宣告盤局結束並展開跌勢。而指數於跌破盤局後，隨後創下 307 點跌幅。

● 範例十：

第 213 頁圖表 6-52，指數漲高後，開始進入一陣盤局中，至跌破盤整區間後，總計創下 1,135 點的大型跌幅。

這個範例像是一個盤頭的過程，指數漲高後，漲勢開始受到阻力影響，在高檔區形成盤局，且在盤局中，黑 K 線出現機率轉為更頻繁了。當股價漲高後，若出現這樣的情形最不容忽視，往往是為了宣告：「漲勢即將結束，行情即將反轉！」

圖表 6-49　指數盤跌時，有如向下階梯型

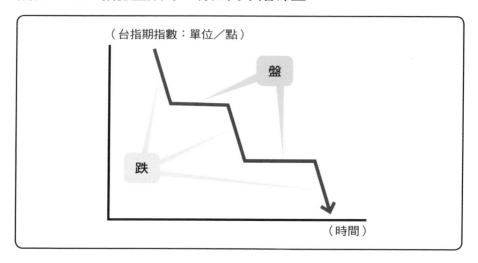

圖表 6-50　黑 K 線向下跌破盤整區，轉弱與領跌（三）

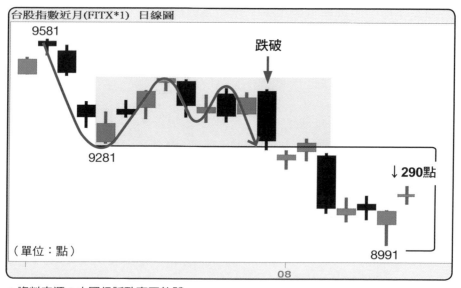

＊資料來源：中國信託致富王軟體。

圖表 6-51　黑 K 線向下跌破盤整區，轉弱與領跌（四）

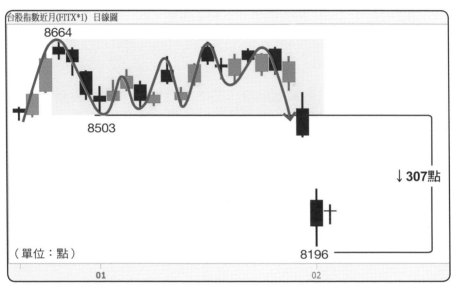

＊資料來源：中國信託致富王軟體。

圖表 6-52　黑 K 線向下跌破盤整區，轉弱與領跌（五）

＊資料來源：中國信託致富王軟體。

第六節
哪些是「盤整」信號？

根據上一節，當股價盤整後，若出現長黑 K 線往下跌破盤整區間，常具有預告盤整行情即將結束、行情轉弱與領跌等功能，但若情況反過來是以「長紅 K 線往下跌破盤整區間」呢？這下情況有點矛盾了：

- 長紅 K 線，代表：買盤、趨勢向上。
- 跌破盤整區間，代表：賣盤、趨勢向下。

上述兩點互相矛盾，若同時發生，如何解讀？

繼續盤整的預告信號

別急，先思考：長黑 K 線代表賣壓、股價趨勢向下，因此，當長黑 K 線往下跌破盤整區間時，最有利於結束原先盤局，將趨勢向下帶領而形成跌勢。但長紅 K 線卻代表著買盤、股價趨勢向上，若以它來跌破盤整區間，便形成矛盾。

然而，這樣的矛盾卻反而能成為平衡，使得原先的盤整行情得以繼續延燒，形成繼續盤整的預告信號。

換言之，行情以長紅線跌破盤整區間，將這兩相矛盾的力量互相抗衡，使盤整行情得以繼續進行下去。此時，行情看似沒有變化，但

話說回來，難道這個跌破就失去意義了？如果這樣想就誤會大了。

事實上，這可能是一個測試區間低點與下方支撐的過程，也往往是為了醞釀後續行情轉強、往上攻漲的前置作業。

盤整過程中，藉由股價活動範圍而發展出支撐與壓力，形成一個特定區間，並將股價鎖定在這個範圍裡面。盤整區間的下方支撐處，若能出現強勁的長紅 K 線來當守門員阻擋跌勢，便能使得底部顯得更加穩固，也有助於未來行情上漲。為此，股價盤整後常出現長紅 K 線向下跌破盤整區間，為的就是測試區間低點，也可能形成假跌破，如此一來，反而能成為盤整區間的有力支撐。

有鑑於此，長紅 K 線向下跌破盤整區間，常形成盤整信號，預告盤整行情可能還要繼續下去，盤整的時間會往後延長，但在看似行情如故的背後，卻更確定了下方支撐的所在位置。

與上述情況相反者，是以長黑 K 線往上突破盤整區間，其分別代表的意思如下：

● 長黑 K 線：賣壓、趨勢向下。
● 突破盤整區間：買盤、趨勢向上。

長黑 K 線所代表的賣壓、趨勢向下，與突破盤整區間所代表的買盤、趨勢向上，兩兩之間互相抗衡與抵消，同樣達成平衡的結果，使得盤整行情得以繼續進行下去，同樣能形成預告盤整的信號，也為一個測試區間高點與上方壓力的過程，有助於醞釀後續行情轉空、往下攻跌的前置作業。

圖表 6-53　盤整信號（一）：紅 K 向下跌破盤整區間

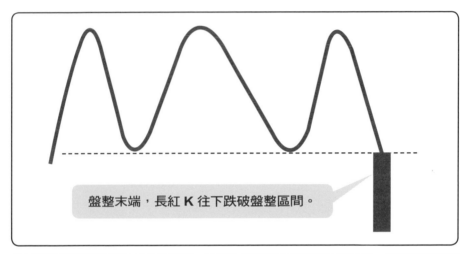

盤整末端，長紅 K 往下跌破盤整區間。

股價盤整後若出現長紅 K 往下跌破，可能為測試下方低點與支撐效果，除非後續股價能續創新低，否則此長紅 K 將形成「假跌破」的象徵與信號。

圖表 6-54　盤整信號（二）：黑 K 向上突破盤整區間

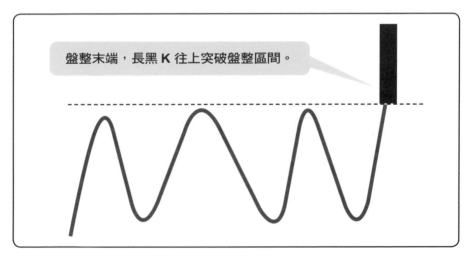

盤整末端，長黑 K 往上突破盤整區間。

股價盤整後若出現長黑 K 線往上突破，可能為測試上方高點與壓力效果，除非後續股價能夠續創新高，否則此黑 K 線將形成「假突破」的象徵與信號。

力竭信號——物極必反

如同物理中的物極必反現象，在金融投資的領域裡也同樣會出現，舉凡：漲勢末端出現高檔長紅 K 線，竟然不為預告漲勢繼續，反而是預告漲勢結束或休息，準備迎向行情轉向、趨勢將由漲轉跌。

或是跌勢末端出現低檔長黑 K 線，也不是預告跌勢繼續，反而是跌勢結束或休息的訊息，表示行情準備轉向、趨勢將由跌轉漲。

這與我們原先「見紅為漲、見黑為跌」的傳統觀念衝突矛盾，而在這些衝突與矛盾的背後，卻暗藏了風險的存在與機會的降臨。

比方說，當我們懂得去判斷這些現象時，便能在股價反轉之際，提前將部位賣出實現獲利，且此時的賣價通常很不錯，多單可以賣在相對高價，或是空單可以平倉在相對低價。抑或是進一步把握住反向操作的機會，因為能看懂這些反轉信號，而提前卡位布局。

趨勢末端的高檔長紅 K 線與低檔黑 K 線，和你想的不一樣

一般而言，我們在漲勢中最愛看到長紅 K 線，在跌勢中最愛看到長黑 K 線，尤其是在漲勢或跌勢，已經進行了一段時間以後，正在質疑是否應該見好收手、陷入疑惑之間。

這時候若是能見著它們彷若見著定心丸，心裡一下子安心踏實許多，認定只要有它們在，漲、跌勢就會繼續延伸下去、確信行情尚未結束，豈料這也可能是一種力竭現象？猶如股價加速衝刺，衝完行情也結束了，這就是所謂的物極必反現象。

在漲勢末端出現高檔長紅線，或是跌勢末端出現低檔長黑線，往

往有一種「趕頂」或「趕底」的節奏，猶如行情最終以極速衝刺、迅速趕抵目標完成任務，然後結束漲勢或跌勢。

因此，在漲勢末端或跌勢末端，出現高檔長紅或低檔長黑時，千萬別見獵心喜高興得太早，以為趨勢還要繼續，反而要自我警戒，並視為趨勢末端的力竭信號，準備迎向行情反轉的可能。

高檔長紅 K 線，預告漲勢休息或結束

在一般情況下，長紅 K 線代表買盤、趨勢向上，通常我們對長紅 K 線的認知是：「只要有它在，漲勢就能夠延續下去！」對於長紅 K 線的角色定義，好像是漲勢中的定心丸，見到它就能感到安心，認定漲勢仍將延續下去。

但當漲勢末端，或是漲勢已經延續一段時間以後，此時若出現長紅 K 線，卻不見得代表漲勢仍將延續下去，還很有機會是多頭力竭的表現，預告眼前的這段漲勢即將休息或結束。

這麼一來，當股價漲高後，在高檔區所出現的長紅 K 線，反倒像是最後衝刺般，將最後力氣一次用盡，後續準備迎接行情轉彎（見圖表 6-55）。

像這樣物極必反的現象令人玩味，也是交易過程中需小心應對的。接下來，我們來看台股指數中曾出現過的幾個案例，皆為行情趨勢發展到末端，以長紅 K 線或長黑 K 線，來暫停或結束原本的走向，成為力竭信號。

圖表 6-55　高檔長紅 K 線，預告漲勢休息或結束

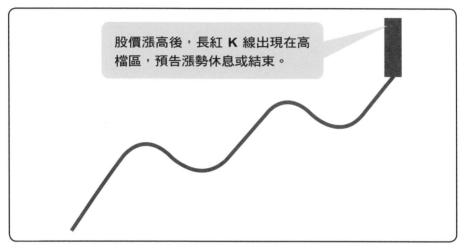

股價漲高後，長紅 K 線出現在高檔區，預告漲勢休息或結束。

當長紅 K 線出現在股價漲高後，可能為漲勢最後衝刺，成為預告漲勢結束的信號。

● 範例一：

第 220 頁圖表 6-56，為高檔長紅 K 預告漲勢休息、行情轉彎的盤勢。圖中可見台股指數由 8,497 點的低點，一路攀升邁向萬點行情，來到高點 10,033 點，而在萬點行情以前，也曾出現以高檔長紅 K 線，來預告漲勢即將結束，成為力竭信號。換句話說，出現這根高檔紅 K 線，是要來提醒我們漲勢即將休息，行情即將發生變化。

細看這根高檔長紅 K 線，計算自低點 9,652 點至高點 9,854 點，單單一根 K 線就上漲了 202 點，漲幅相當驚人，沒想到卻是行情末端的最後衝刺，將最後上漲能量一次漲足，準備迎接行情反轉向下。而漲勢最終，是以一根黑 K 線來交代，下一個新高價位（10,033 點）後，結束漲勢、行情轉彎。

圖表 6-56 高檔長紅 K 線，預告漲勢休息或結束，範例（一）

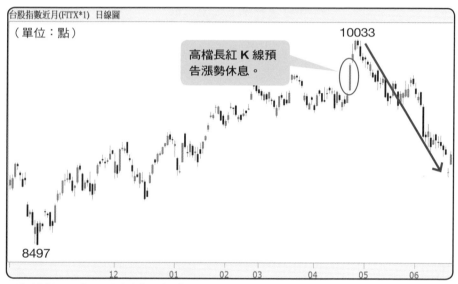

台股指數近月(FITX*1) 日線圖

（單位：點）

高檔長紅 K 線預
告漲勢休息。

10033

8497

12　01　02　03　04　05　06

＊資料來源：中國信託致富王軟體。

　　※圖 6-56 後續行情追蹤：自 10,033 點跌至低點 7,010 點，
總計創下 3,023 點的跌幅（見圖表 6-57）。

● 範例二：

　　第 222 頁圖表 6-58，為高檔長紅 K 線預告漲勢休息、行情轉
彎。範例中，台股指數由低點 8,690 點漲至高點 9,581 點的過程中，
在漲勢末端曾出現高檔長紅 K 線來預告漲勢即將休息、行情即將反
轉向下。隨後不久，行情果然急轉直下。（定義紅 K 時，請與附近
周圍的紅 K 比較，若漲幅明顯增大，可定義為中長紅，而紅 K 漲幅
越大，參考性越強。）

圖表 6-57　後續追蹤行情，在趨勢末端出現高檔長紅 K 線後（多頭力竭信號），果然結束漲勢，創下 3,023 點跌幅

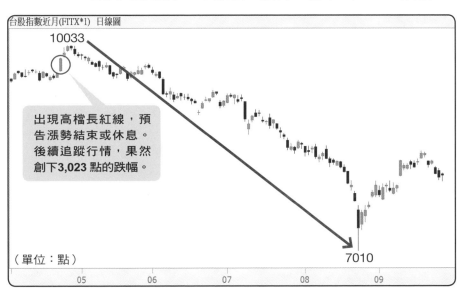

＊資料來源：中國信託致富王軟體。

● 範例三：

第 222 頁圖表 6-59，為高檔長紅 K 預告漲勢休息、行情轉彎。台股指數自低點 8,062 點起漲，經過兩個階段的上漲走勢後，漲至高點 8,664 點。過程中，曾在漲勢的末端出現高檔長紅 K 線，預告漲勢休息。在高檔長紅 K 線出現不久，接著漲勢休息、行情反轉向下。

● 範例四：

第 223 頁圖表 6-60 為高檔長紅 K 線預告漲勢休息、行情轉彎。範例中，台股指數自低點 7,678 點漲至高點 8,476 點過程中，曾出現高檔長紅 K 線，預告漲勢即將進入休息階段。

圖表 6-58　高檔長紅 K 預告漲勢休息或結束，範例（二）

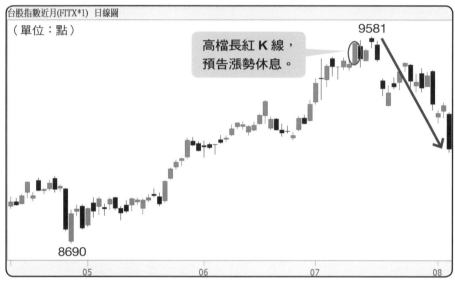

＊資料來源：中國信託致富王軟體。

圖表 6-59　高檔長紅 K 預告漲勢休息或結束，範例（三）

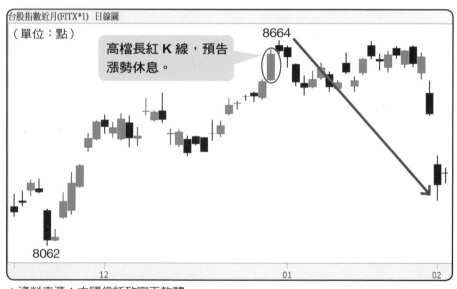

＊資料來源：中國信託致富王軟體。

　　細看這根高檔長紅 K 線，漲幅相當驚人。而高檔長紅 K 線出現不久後，原先的漲勢開始出現變化，行情進入膠著，形成高檔盤整狀態。隨後以一根黑 K 線交代新高價為 8,476 點後，漲勢開始休息、行情轉彎。

圖表 6-60　高檔長紅 K 預告漲勢休息或結束，範例（四）

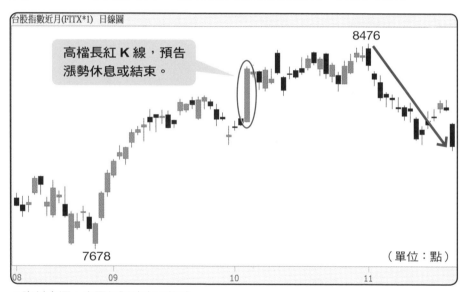

＊資料來源：中國信託致富王軟體。

● 範例五：

　　下頁圖表 6-61 為高檔長紅 K 預告漲勢休息、行情轉彎。圖中可見台股指數自低點 7,693 點，漲至高點 8,449 點，上漲過程中曾出現一高檔長紅 K 線，預告漲示即將進入休息階段。

　　繼這根高檔長紅 K 線出現不久後，行情急轉直下，一路下跌，並創下逾 800 點跌幅。

圖表 6-61　高檔長紅 K 線預告漲勢休息或結束，範例（五）

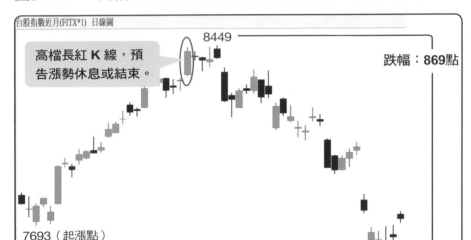

＊資料來源：中國信託致富王軟體。

● 範例六：

圖表 6-62 為高檔長紅 K 預告漲勢休息、行情轉彎。範例中，台股指數自低點 6,613 點漲至高點 8,188 點過程中，曾出現高檔長紅 K 線，預告漲勢即將進入休息階段。

繼高檔長紅 K 線出現後，原先的漲勢果然出現轉向變化，更創下 1,356 點跌幅。

計算這段跌勢，自高點 8,188 點起跌，而一路回跌至低點 6,832 點後才開始休息，總計創下 1,356 點千點以上的大型跌幅，堪稱股災。若能了解高檔長紅 K 出現的意義，就能避開股災風險，甚至掌握放空的獲利機會。

圖表 6-62 高檔長紅 K 預告漲勢休息或結束，範例（六）

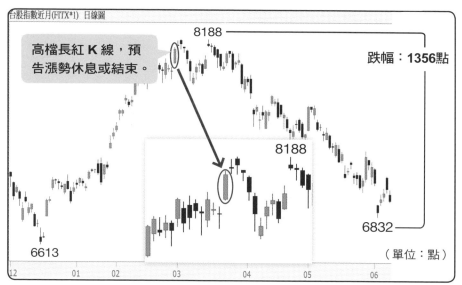

*資料來源：中國信託致富王軟體。

● 範例七：

下頁圖表 6-63 為以一高檔長紅 K 線來預告漲勢休息。圖中台股指數自低點 6,990 點，漲至高點 8,300 點後行情陷入膠著，而原先的漲勢也進入休息的階段。在此之前，曾經出現一根高檔長紅 K 線預告眼前漲勢即將發生變化。

繼高檔長紅 K 線出現後，原先的漲勢開始進入休息階段，為下一個階段的發展積累能量。若行情欲續漲，就必須先通過高點 8,300 點的考驗，才能將行情繼續往上推升。

圖表 6-63　高檔長紅 K 預告漲勢休息或結束，範例（七）

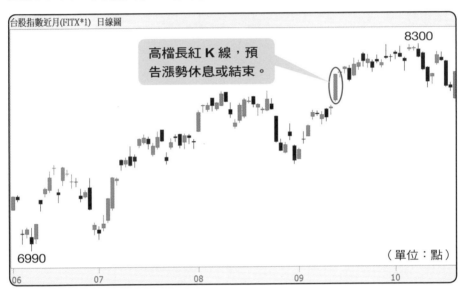

＊資料來源：中國信託致富王軟體。

低檔長黑 K 線，預告跌勢休息或結束

　　與上述高檔長紅 K 線的情形相反，「低檔長黑 K 線出現，預告跌勢結束或休息。」在一般情況下，長黑 K 線代表賣壓、代表趨勢向下，但當它出現在股價跌深或跌勢末端時，卻可能成為預告跌勢休息或結束的信號（見圖表 6-64）。

　　多數人認為，「只要有長黑 K 線在，就代表跌勢仍將繼續下去。」這其實是不正確的觀念。當跌勢末端或跌勢已經延續一段時間後，此時指數已經跌深之際出現低檔長黑 K 線，反而該自我提醒：「這可能是一個跌勢末端的信號。」並適時處理手中的空單部位，或把握機會搶反彈行情。

圖表 6-64　低檔區的長黑 K 線，預告跌勢休息或結束

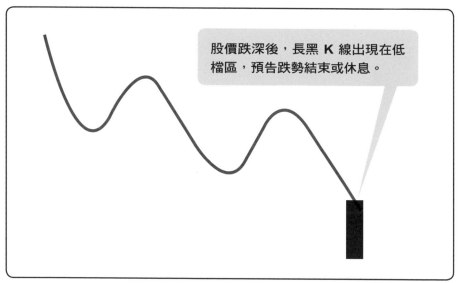

股價跌深後，長黑 K 線出現在低檔區，預告跌勢結束或休息。

當長黑 K 線出現在股價跌深後，可能為跌勢最後衝刺，成為預告跌勢結束的信號。

● 範例一：

　　看到下頁圖表 6-65，低檔長黑 K 線預告跌勢休息、行情轉彎。範例中，台股指數自高點 9,550 點跌至低點 8,497 點，下跌過程中曾出現低檔長黑 K 線，來預告跌勢結束、行情轉彎。

　　這根低檔長黑 K 線出現不久後，行情止跌轉漲並且不斷向上攀升，不但漲回起跌點 9,550 點以上，甚至持續推升至萬點行情以上。

圖表 6-65 低檔長黑 K 線，預告跌勢休息或結束，範例（一）

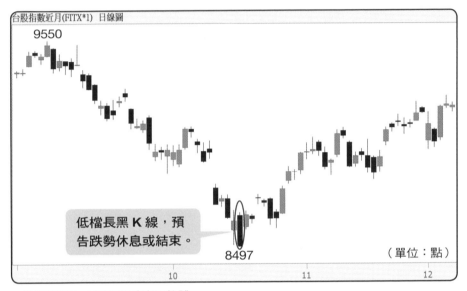

台股指數近月(FITX*1) 日線圖

9550

低檔長黑 K 線，預
告跌勢休息或結束。

8497

（單位：點）

10　　　　　　11　　　　　　12

＊資料來源：中國信託致富王軟體。

> ※圖表 6-65 後續行情追蹤：自低檔黑 K 線（8,497 點）出
> 現後，行情止跌轉漲，一路攀升至萬點行情 10,033 點，漲幅驚
> 人。（見圖表 6-66）

　　當然，若能了解低檔黑 K 線在跌勢末端所出現的意義，當下持
有空單的朋友，就能即時調整空單部位，而未持有部位者，轉向布局
多單作多，及早卡位並把握萬點行情的獲利機會（如圖表 6-66）。

圖表 6-66　自低檔黑 K 線（8,497 點）出現後，行情一路攀升至萬點

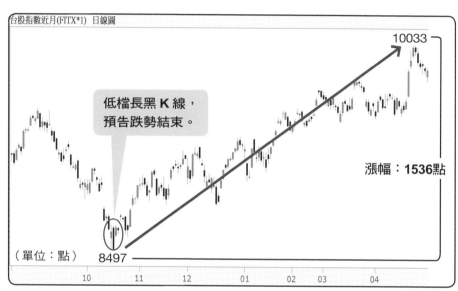

台股指數近月(FITX*1)　日線圖

10033

低檔長黑 K 線，
預告跌勢結束。

漲幅：1536點

（單位：點）
8497

10　11　12　01　02　03　04

＊資料來源：中國信託致富王軟體。

● 範例二：

　　下頁圖表 6-67 為低檔長黑 K 線預告跌勢休息、行情轉彎。台股指數自高點 9,581 點跌至低點 8,991 點，下跌過程中，曾出現低檔長黑 K 線預告跌勢結束、行情轉彎。

　　繼這根低檔長黑 K 線出現不久後，指數開始止跌轉漲並展開反彈行情。而後續的反彈行情，自圖中低點 8,991 點處起漲，一直漲至 9,550 點才休息，共計有 559 點的反彈漲幅。

圖表 6-67 低檔長黑 K 線，預告跌勢休息或結束，範例（二）

台股指數近月(FITX*1) 日線圖

9581

9550

漲幅：559點

低檔長黑 K
線，預告跌
勢暫停。

（單位：點）

8991

07　　　　　　08　　　　　　09

＊資料來源：中國信託致富王軟體。

● 範例三：

圖表 6-68 的盤勢顯示，低檔長黑 K 線的出現是為了預告跌勢休息與行情轉彎。

我們從圖可知，自創下低點 8,196 點的這根低檔長黑 K 線出現後，指數結束原先跌勢並展開一段反彈行情，而這段反彈行情自低點 8,196 點算起，漲至高點 8,772 點為完成第一階段的漲勢，此時已經創下 576 點漲幅，但這只是指數漲勢中期，後續指數又持續向上攀升至 9,581 點後，才正式休息。

換句話說，自創下圖中低點 8,196 點這根低檔長黑線出現不久後，指數隨即止跌轉漲，且漲幅高達 1,385 點以上，相當驚人。

細看這根創下 8,196 點低點的低檔長黑，與先前黑 K 比較，跌幅

230

明顯增強，分量具足，出現在連番跳空開低、短線跌幅已深之後，別具意義。

圖表 6-68　低檔長黑 K 線，預告跌勢休息或結束，範例（三）

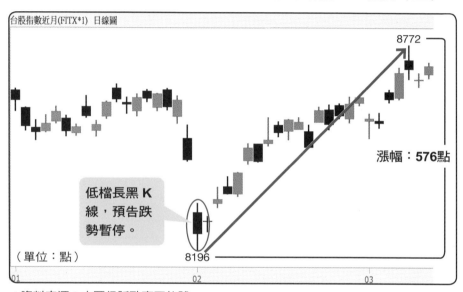

台股指數近月(FITX*1) 日線圖

8772

漲幅：576點

低檔長黑 K 線，預告跌勢暫停。

（單位：點）

8196

01　　　　　　02　　　　　　03

＊資料來源：中國信託致富王軟體。

> ※圖表 6-68 後續行情追蹤：延續圖表 6-68。自低檔長黑線（8,196 點）出現後，行情果然止跌轉漲，並一路攀升至 9,581 點，創下漲幅達 1,385 點（見下頁圖表 6-69）。

圖表 6-69　低檔長黑 K 線出現，預告跌勢休息或結束。後續行
　　　　　　情止跌轉漲，更創下千點以上漲幅的大行情。

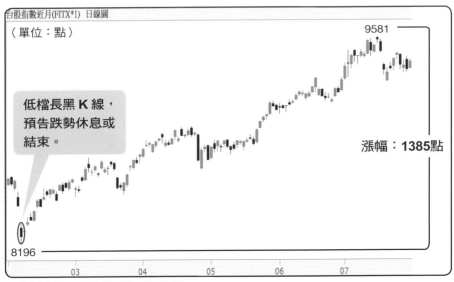

台股指數近月(FITX*1) 日線圖

（單位：點）　　　　　　　　　　　　　　　　　　9581

低檔長黑 K 線，
預告跌勢休息或
結束。

漲幅：1385點

8196

03　　　04　　　05　　　06　　　07

＊資料來源：中國信託致富王軟體。

● 範例四：

圖表 6-70 的台股指數行情變化，自低點 8,062 點漲至高點 8,664
點，共漲了 602 點。而在止跌上漲之前，曾經出現低檔黑 K 線
（8,062 點）來預告跌勢變化。

細看這根創下 8,062 點新低的低檔長黑，與前方黑 K 相比，跌幅
分量足，尤其在短線跌深的情形出現下，別具意義。

● 範例五：

圖表 6-71 中的低檔長黑，預告跌勢結束與行情轉彎，指數自高
點 7,810 點，下跌至低點 7,029 點後，結束原先的跌勢、止跌轉漲。

圖表 6-70　低檔長黑 K 線，預告跌勢休息或結束，範例（四）

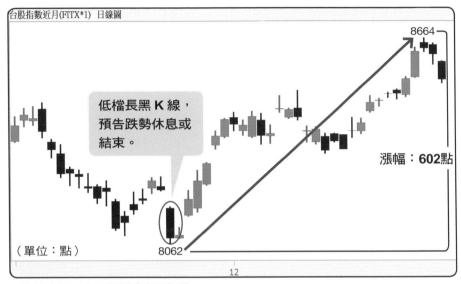

＊資料來源：中國信託致富王軟體。

　而在上漲之前，也曾經出現低檔長黑線，來預告這段跌勢的結束。

　　這根低檔長黑與前方黑 K 相比，跌幅明顯增大，出現在指數跌深後，別具意義。

　　而低檔長黑出現後不久，於續創新低 7,029 點後，馬上進入到一段休眠時期。而這段休眠時期從技術面上來看，為一盤底過程。後續再以一根長紅 K 線來突破此盤底區間，結束盤底過程並開啟漲勢。這真是完美的結合；由低檔長黑 K 線預告跌勢休止，經歷盤底過程後，最終以低檔長紅 K 線來突破盤底區間，順利開啟漲勢。

　　由低檔長黑預告跌勢休止，經歷低檔盤整、底部打底過程，最終以低檔長紅 K 線來突破區間，順利展開漲勢。看這張圖時，可以從三個面向檢視（見第 235 頁圖表 6-72）：

圖表 6-71　低檔長黑 K 線，預告跌勢休息或結束，範例（五）

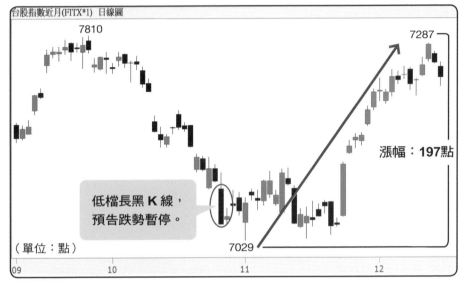

台股指數近月(FITX*1) 日線圖

7810

7287

漲幅：197點

低檔長黑 K 線，
預告跌勢暫停。

（單位：點）

7029

09　　　　10　　　　11　　　　12

＊資料來源：中國信託致富王軟體。

一、低檔長黑 K 線：預告跌勢休止

指數跌深後（自 7,810 點起跌），於跌勢末端以低檔長黑 K 線，
預告跌勢休止。

二、兩虛線之間：盤整區間、底部打底

繼上述低檔長黑 K 線出現後，指數陷入盤局，可視為底部打底
的機會。

三、長紅 K 線突破盤底區間，盤底結束

繼上述一、二過程後，指數最終以一根長紅 K 線突破盤底區間，
宣告盤底結束。且細看此突破長紅 K 線的漲幅，能覆蓋上述低檔長

圖表 6-72　從三個面向檢視，長黑 K 線預告的行情變化

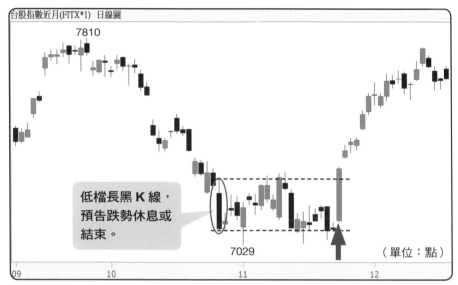

＊資料來源：中國信託致富王軟體。

黑 K 線的跌幅，說明當下是上漲力量大於上漲阻力，因此能在突破盤底區間後，順利開啟上漲行情。

● 範例六：

第 236 頁圖表 6-73 的台股指數行情變化，盤中出現低檔長黑 K 線，預告跌勢休息或結束。

當時台股創下久違的萬點行情，指數來到 10,033 點，未料，萬點行情的反作用力之大，後續指數直直落，一路來到 7,010 點低點處。這段跌勢跌破大家眼鏡，台股超跌情形嚴重。

圖表 6-73　低檔長黑 K 線，預告跌勢休息或結束，範例（六）

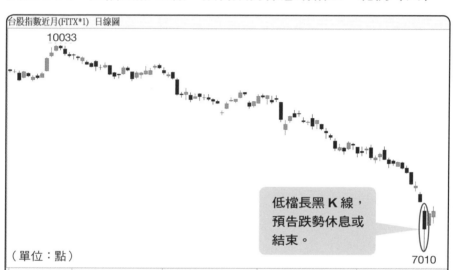

＊資料來源：中國信託致富王軟體。

　　指數來到 7,010 點的低點後，出現一根帶有長下影線的低檔長黑 K 線，計算它自高點 7,676 點至低點 7,010 點，單單一根 K 線就創下了 666 點跌幅，跌勢令人震驚，是台股史上少見。

　　然而，伴隨在這根低檔長黑 K 線的大型跌幅背後，是更驚人的反彈行情——低檔長黑 K 線出現當天，指數自低點 7,010 點處止跌反彈，當天收盤價收在 7,345 點，光是一天內就創下驚人的反彈漲幅達 335 點。隔天，反彈行情繼續延燒，當日最大彈幅達 288 點；反彈第三天，彈幅開始縮小，但也有 246 點的彈幅水準。

　　換句話說，在見到低檔黑 K 線之後，指數暫停跌勢並開啟漲勢，光是這三天之內，指數自低點 7,010 點起算，彈漲至第三天高點 7,678 點為止，便已創下反彈漲幅高達 668 點，相當驚人。

若無法了解低檔長黑 K 線，在跌勢末端所具備的意義，那麼就會錯過這個大行情，甚至為自己帶來風險。

趨勢末端的高檔長紅 K 線、低檔長黑 K 線，重點整理

從上述範例中我們可以發現，在趨勢末端出現高檔長紅或低檔長黑，猶如百米賽跑中，將所有剩餘力量在最後衝刺一次釋放完畢。以下，我整理出趨勢末端紅、黑 K 線三種主要含意。

一、力竭信號，為行情最後衝刺

在股價漲高、漲勢末端之際遇見長紅 K 線，或是在股價跌深、跌勢末端之際，遇見長黑 K 線，切勿見獵心喜或直覺的認定：「見紅將漲，見黑將跌」，誤以為原先的趨勢行情仍將延續，因而錯過適當的賣出時機，與能實現獲利的機會，也錯過了與原先趨勢反向的操作與獲利機會。

二、漲跌幅大小，影響不同

帶來力竭信號的 K 線，我們可將其漲跌幅統整為三大類型：

（1）**99 點以內**：單一 K 線便創下近百點最大漲幅。

（2）**100 點以上**：單一 K 線創下百點以上最大漲幅。

（3）**200 點以上**：單一 K 線創兩百點以上最大漲幅。

在這三種 K 線類型中，各具有不同漲跌幅大小，若出現在不同

情況下，也分別代表不同意義。以紅 K 線的類型為例，當指數漲得越高、股價飆得越快，此時所出現的高檔長紅 K 線若單根漲幅越大，可能具有趕頂之虞，將所剩餘的上漲能量一次漲完，接著結束漲勢、行情結束。

三、見力竭信號後的反向思維

我們在上面列舉的幾個範例中，不難發現這個現象：無論是漲勢或跌勢，趨勢一旦形成並不容易突然就結束掉，行情馬上轉彎的情形並不多見，而往往會先在趨勢末端，先出現「力竭信號」來提醒我們，比方說在趨勢末端時：

● 高檔長紅 K 漲幅越大，漲勢可能越快衝完；
● 低檔長黑 K 跌幅越大，跌勢可能越快衝完。

有鑑於此，下次見到漲勢或跌勢末端，出現大型漲跌幅的紅 K 線或黑 K 線時，請務必反向思考。

漲、跌勢末端的預告

當漲勢或跌勢進行了一段時間以後，可以藉由觀察 K 線變化，來評估未來行情續漲，或續跌的機會大小。比方說，**當股價漲高後，位於高檔區的紅 K 線，開始由大變小，或是紅 K 線變少而黑 K 線變多**，從這些情形可以觀察出，上漲動能已經開始動搖、上漲意志開始變得薄弱。這時候，如果手中持有作多的部位，可以開始考慮分批出售拿回獲利，而不用等到股價下跌時才賣出。

圖表 6-74　漲勢末端，紅 K 變化預告行情轉弱

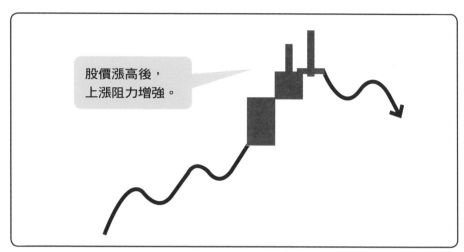

漲勢維持了一段時間後，高檔區紅 K 線的實體開始變小、上影線開始變長，說明上漲動能轉弱、向上阻力增強，預告行情可能即將產生變化，為賣出或放空的信號。

圖表 6-75　漲勢末端，黑 K 變化預告趨勢逆轉

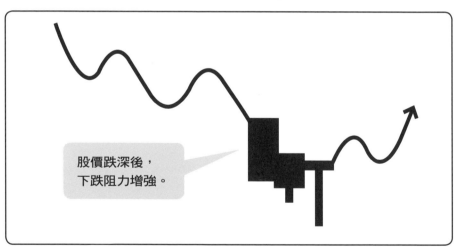

跌勢維持了一段時間後，低檔區黑 K 線實體開始變小、下影線開始變長，說明下跌動能轉弱、向下阻力增強，預告行情可能即將產生變化。為空單平倉或多單買進信號。

　　而放空的情形也是如此，**當股價跌深後，位於低檔區的黑 K 線，開始由大變小，或是黑 K 線變少而紅 K 線變多了**，同樣可以從黑 K 線的變化中，觀察出下跌的動能已經開始轉弱，此時若手中持有放空的部位，同樣可以開始考慮分批停利。

第七章

以最短時間
熟悉市場，
用紀律重複獲利

你越善於交易，越容易了解交易只是心智遊戲而已。
不是你和市場作對，而是和你自己作對。

——《紀律的交易者》作者　馬克·道格拉斯

第一節
賺錢只有兩個鐵則：紀律和順勢

交易就像打仗，市場就是戰場。在上戰場之前，知己知彼才能百戰百勝。上戰場之前，先了解戰場，過濾掉不利於自己的，選定在有利於自己的局裡，如此打勝仗的機率最高；了解自己的操作個性，反覆利用自己的強勢與優點，讓最強的自己經常站上最好的戰場，才能迅速累積成功經驗。

知己：我是哪種投資人？

了解自己是哪種投資人，這是交易前很重要的功課。如果不去了解自己，就無從知道自己的強勢與優點在哪而無法發揮，這是很可惜的事情。我因長年來累積觀察各類型的投資人，將投資人類型歸納如第 246 頁圖表 7-1。

一、才華洋溢型

想像力豐富，喜歡藉由知識來尋找投資靈感。對於炒作題材的聯想力很強，說起交易頭頭是道，智慧底子很強。值得注意的是：當你缺乏紀律時，容易流於說一套做一套光說不練，或是明明早先能看準買點，卻因為天馬行空的想法太多而失去最佳時機。嚴明的操作紀律對你來說特別重要！請務必嚴格規定自己買賣交易的正確時機。該買的時候買，該賣的時候，並簡化交易流程、制定資金控管策略，避免

自己因為想太多，反而延誤大好時機、聰明反被聰明誤。

二、軍師謀略型

你在交易市場上是一個擅於謀略的智慧型軍師，對於操作有獨到見解，思考也很全面，能顧及敵我雙方，以換位思考的方式，聯想敵方的強與弱。操作時進退有根據，不會隨波逐流。對於持有部位的管理有條不紊，操作紀律的概念很強，是很有想法的投資人。

三、第六感特強型

你在生活中喜歡憑著感覺行事，在交易市場上也是一樣，喜歡憑著直覺操作，相信自己的第六感，只有在感覺對了的時候，才能促使你進場交易。相反的，只要感覺不對，你說什麼也不願意進場。在操作期間，能比別人更快感受到苗頭不對的情形，更能迅速反應、避開風險，讓人對你嘖嘖稱奇，讚譽你的直覺反應。但其實你自己也說不上來為何會有這麼強的直覺感應力，像是天賜的禮物，讓人稱羨。

四、悲劇性格型

「還沒進場，就先被自己給嚇死。」有見過這種投資人嗎？你就是！思考方式偏向負面與悲觀，讓你老是喜歡自己嚇自己。進場前嚇得要死，進場後也嚇得要死、進退兩難。這是因為你的交易信心不足。你需要尋找一個值得信任的引領者，帶領你勇敢走向交易市場，並累積成功經驗。唯有如此，才能克服你的交易焦慮。你對於資訊的掌控度很高，但注意！你特別需要嚴格過濾吸收訊息的管道，因為你的性格容易受到影響，宜簡化吸收訊息的來源，以免因為過多資訊而

造成自我干擾。強烈建議你，嚴格挑選出簡單幾個值得信任的消息來源就好，太多訊息來源對你來說幫助不大，只會帶來困擾。操作時，最好搭配個軍師來增強你的信心。

另外，你需要很多的數據來證明自己的選擇正確無誤，因此在交易前最好先擬定一份進場條件清單，唯有在符合多數進場條件時，才允許自己進場。如此一來，可降低你在交易期間內心的慌亂與不安。

五、未來軍師謀略型

與第二項的「軍師謀略型」多有雷同，但此類型的投資人，其思考模式更前衛、更先進，也很全面，富有邏輯性。當處在進退兩難的矛盾之間時，能在談笑風生中輕鬆應對、取得平衡。當局勢不如預期時，可以在一瞬間想到正反兩面，並能探討正反兩面的優劣勢，是處理危機的高手。

也由於你的思考前衛與先進，每當機會來臨時，第一個願意跳出來身先試法的往往就是你。操作思維全面，可雙向思考，並預先推估多頭漲勢與空頭跌勢的未來發展，並制定最適合的投資策略。必要時，也能以抽離的方式客觀看盤，並適時調整投資策略。

對的時間做對的事，自然能獲利——順勢

在台指期當中，有許多行情走勢經常反覆發生，因此在交易前，我們可以先多加累積觀看技術線圖的經驗，並將技術線圖中經常反覆發生的行情走勢背熟，讓自己能在這些熟悉的投資環境下進行交易。

如果你已經有過操作經驗，也嚐過勝利滋味，一定很想複製這樣

美好的經驗。你可以透過以下方法來複製成功模式：將自己的獲利軌跡記錄下來，然後經常去接觸這些能觸發你獲利的有利投資環境，你將更容易獲利。藉由記錄自己：經常在什麼狀況下出手、經常在什麼狀況下獲利，對照已經背下經常重複發生的行情走勢，從中取得平衡，並經常把自己放進這些最熟悉、最容易獲利的交易時機裡，讓自己在對的時間做對的事，獲利自然就會產生。

記錄獲利軌跡，複製成功

　　想要複製成功，就要先了解自己的優勢，並避開自己的弱勢。以我為例，因為容易失控而買進太多股票，往往一回頭，已持股過多難以管理。既然知道自己操作時的弱點，就該懂得聰明避開這個地雷，換個方式操作。

　　我們藉由交易中的獲利記錄，了解自己的交易優勢，也藉由交易中的虧損記錄，來了解自己的交易劣勢。

　　為交易做記錄，時間一久你將發現，我們經常在特定狀況下獲利，這就是交易優勢，一定要善加發揮；另外，我們也常在特定狀況下虧損，這就是交易劣勢，一定要懂得避開。老是在同一個地方跌倒，這在交易中經常發生，如果不痛定思痛好好檢討並嚴加以改善，這窘況永遠不會終結。只要能確實做好：在交易前先選定好利己的戰場，並好好發揮自己的交易優勢，就可以大幅提升成功獲利的經驗。

圖表 7-1　我是哪種投資人？

類型	交易行為
才華洋溢型	**優點：** 聯想力強，經常發掘未來可以炒作題材，説起交易頭頭是道。 **缺點：** 容易説一套做一套。想太多而錯失良機。 **對策：** 嚴明紀律、簡化交易流程、制定資金管理對策。
軍師謀略型	**優點：** 見解獨到，思考邏輯周全。懂得換位思考，了解敵我狀況。操作時，進退有據，紀律嚴明。 **缺點：** 不易接納他人建言，有點獨裁、過度主觀、自以為是。 **對策：** 交易市場經常變化，不是一個口令一個動作的固定而規律。嚴選出幾個值得信任的資訊管道，納入自己的交易策略中，綜合歸納以適時調整。
第六感特強型	**優點：** 憑直覺行事，反應靈敏迅速，對於盤勢很敏鋭。 **缺點：** 行動缺乏事實根據，績效易受到個人主觀或情緒影響。 **對策：** 1. 明定交易策略，擬定交易條件清單，在多數符合的狀況下進場交易。 2. 記錄自己的感官與情緒並對照真實績效。

類型	交易行為
悲劇性格型	**優點：** 對於資訊的掌握度極高，交易前會先用功蒐集資料作為佐證。 **缺點：** 交易信心不足，思考負面悲觀，經常容易陷入進退兩難的局面。 **對策：** 1. 控管資訊來源管道。 2. 操作時，最好搭配個軍師來增強交易信心。 3. 擬定交易條件清單，唯有在多數符合的狀況下才進場交易。降低不安情緒。
未來軍師謀略型	**優點：** 思想前衛先進，操作時理性而冷靜，是危機處理高手，懂得換位思考，思考邏輯周全。常能掌握到最佳進場時機。擅長推估未來局失。客觀判斷並能適時調整。 **缺點：** 會因為想太多，因而錯失最佳退場時機。 **對策：** 1. 可搭配「才華洋溢型」投資人，更快連結題材想像力，領先市場布局。 2. 可搭配「第六感特強型」投資人，可在危機發生時，中斷過度思考，先即時出場保命。

※若介於兩者之間，或是在各種類型中，各占有不同比例（例如：才華洋溢型 20%＋軍師謀略型 80%、悲劇性格型 50%＋第六感特強型 10%＋才華洋溢型 40%）者，請自行斟酌與調配上述對策的比例。

下列表格中，我整理在市場上常見的投資人類型。使用此表時，可先從表格內的類型中，找到能與自己互相吻合或雷同者，再前往「解析與建議」欄位中，尋求為你做的解析與建議。

圖表 7-2　依不同情境，擬定投資策略

情境一：作多／見漲追漲

常見投資人類型
● **類型 1** 每次一窩風跟著大家追高買進、見漲追漲時，我就快要失控，感覺自己亂跟亂買，沒有自己的主見，買進後也不知如何處理，感覺自己失去主控權，無法主動管理持有部位、動彈不得。
● **類型 2** 每次都等股價漲高才敢買，但買進後卻沒有自信，感覺自己買貴了，好像股價隨時會下跌。買進後不是安心期待獲利，反而是擔心股價何時下跌。
● **類型 3** 如果追高買進後，股價持續上漲，我很高興，但我也知道自己買在高價，應找適當時機賣出、有賺就滿足。不求賣在最高價，只要能在適當時機贖回獲利，那我就很滿意。
● **類型 4** 我總是知道，股價一旦漲高，行情可能隨時會反轉，此時只能小量進場、酌量布局。如此，若行情續漲，我仍能嚐到獲利滋味，若行情反轉，也能即時將資金撤回來。而且我了解，在這種情況下，股價越漲越要站賣方。
● **類型 5** 股價強勢時，我很敢追高買進，因為我算過知道最大風險何在，大不了就小賺小賠先出場，但若獲利的機會大於風險，那我可不想錯過。

當然，沒有人比你更了解自己。表格內資訊，多為參考市場大眾實際情況與客觀假設。使用時，請記得先斟酌自身情況審慎評估後，才參考或採納表中建議。

解析與建議

● 1、2型投資人

交易時喜歡跟風、缺乏主見、耐心。你更適合短線操作或是當沖。你不見得不適合見漲追漲，但要記得：避免一時貪心，有獲利時，見好就收、有賺就跑，這是你的「賺錢之道」；有虧損時，見壞就收，有賠就跑，這是你的「保命之道」。虧損幾％才跑，不見得適合你，因為你缺乏耐心。請你務必在「賺錢之道」與「保命之道」之間取得平衡，才能避免老是賺小賠大。

另外，「資金控管」是你的戰友：獲利時，每連賺三次就提醒自己不要貪心，記得適時賣出部位實現獲利，以免紙上富貴空歡喜一場；虧損時，每連賠三次，先提醒自己行情不對，也許先離手出場在外觀望比較恰當，也趁機重新檢視、重整心情。

● 3、4、5型投資人

你很懂得市場供需原則的真諦。股價不會永遠存在漲勢中，漲多還是得拉回，這道理你比誰都懂。你很適合追高買進，也懂得在股價漲升中，適時回收獲利。技術分析與籌碼分析是你的戰友，可協助你理解行情、擬定適合的投資對策。

情境二：作多／逢低布局

常見投資人類型
● **類型 1** 股價一直漲個不停，我雖心癢也想追高買進，但寧可放棄，還是等候股價拉回再布局。
● **類型 2** 股價拉回前，我會先選定幾個特定價位等著準備布局。
● **類型 3** 股價拉回時，我沒頭沒尾的亂接，因為不知道該接在哪個價位，因此常常虧損連連，但我不氣餒，繼續往下攤低成本，股價總不會無止境的跌吧。
● **類型 4** 股價從高價回跌時，只要股價還在跌，我就不急買進，而是依據特定信號逢低布局。如果布局後股價續跌，我會先賣出觀望。
● **類型 5** 股價從高價回跌時，我能懂得如何趁勢布局，並且優先預定好股價可能會漲高到某個特定目標。一旦行情表現不如預期，有適當的退場對策；一旦行情表現優於預期，也有加碼對策，試著放大獲利機會。

※上述表格以投資人較熟悉的作多場景來說明。放空者，行情等狀況與表中相反，但投資人類型心境相同，請自行推演。

- **類型 1 投資人**

你是保守型的投資人，交易時有自己的主見，不跟風、不隨波逐流。你知道自己在交易市場中的定位，也更願意賦予耐心等候絕佳買點與賣點。比起忽多忽空的投資策略，你更適合單一方向的長線布局，以放長線釣大魚的方式，求取大波段利潤，才是你的正財來源管道。

你適合擔任業餘投資人，好好工作，存錢投資，假以時日，投資會使你發財、累積一定身家。

- **類型 2、4、5 投資人**

你屬策略型投資人。股價拉回時，選定特定價位來布局。當股價處於多頭漲勢中，股價一旦打折（預選幾個特定的折數）馬上會有承接買盤，此時再以各個折數的買盤力道來推估未來漲勢表現。另外，當股價拉回特定折數時，選擇特定訊號（如：技術面訊買訊）進場布局。布局後，一旦股價不漲反跌，可先出脫觀望，或是在有條件的情況（如：在風險經過計算的前提下）持有與觀察。

你交易時頭腦很清楚，很有對策，放長線釣大魚的超長線操作策略，對你來說有點大材小用，比起來，你更適合波段操作，而且操作多、空方向皆宜。你懂得下對策來逢低承接與放大獲利，其實很適合擔任職業投資人，因為你懂得以策略來操作，並從市場中獲取穩定獲利。你可以在生活費不虞匱乏的情況下，仰賴交易來增加收入。

- **類型 3 投資人**

這類交易方式，只適合使用在確定股價未來仍會續漲的多頭漲勢或牛市中，因為時間一久，股價還是會漲回來。這個招式用在買股票上管用，但用在其他金融商品上，就不見得管用了。因為股票可以長期存放，也許五年、也許十年，只要股票沒下市，最多是承受股價虧損。但是台指期這類期貨型商品，具有時間價值與保證金制度，禁不住在虧損連連的情況下，無止境向下攤平。

與其說你不適合交易台指期，倒不如說你更適合在多、空之間選擇單一方向來操作，而且要順勢操作！如此股價才有機會真的被你攤平攤對了，逆勢操作對你來說，可能是一場災難。你也適合在盤整時操作，不見得可以獲利，但虧損可以獲得控制，也能操練你的紀律。

251

第二節
多一份薪水？或成為專職投資人

大多數人投入市場，通常是想要賺個外快、當成副業多一份薪水可領，而且對於這份薪水的期望不高，可能一個星期只要多個幾千塊錢，可以提供週末上上館子滿足一下味蕾，這樣就很滿足、很開心。因此，投資通常是從「副業」的角度出發。當這份副業的收入成長超越正職，你可能會開始考慮是否專職成為一個職業投資人。

職業投資人的生活令人嚮往，可以自由安排工作時間、可免於為了每天通勤而舟車勞頓、更專心的投入交易領域中等。因為可以享有絕對的自由，於是很多人開始衡量，自己是否適合成為職業投資人。你也是這樣想嗎？

一開始，你可以先以自己的每月收入作為衡量標準，然後再換算到每天應該獲利多少金額。以臺灣目前基本工資水準 25,250 元來計算，平均每月保守估計約有 20 個交易日，換算下來，每個交易日需獲利 1,265 元（25,250 元／20＝1,262.5 元），才能達到每月基本均薪的水準。

1,265 元換算成台指期（未記入交易成本計算）：大型台指期以每口 200 元計算，即每天以穩定獲利約 7 點能滿足（1,265 元／200 點＝6.325 點）；小型台指期以每口 50 元計算，即每天以穩定獲利 26 點能滿足（1,265 元／50 點＝25.3 點）。換句話說，操作績效需達成上述目標，才能滿足每月基本均薪。

交易市場未設門檻，人人都可以進場，但若希望能成為「專職投

資人」以投資為業，可依據這個標準來衡量自身水平。

圖表 7-3　職業投資人薪資表

職級	薪資水平（月）	滿足點（天）	
		大台	小台
高層級	50,000 元以上	12.5 點	50 點
中層級	30,000 元以上	7.5 點	30 點
基層級	20,000 元以上	5 點	20 點

※滿足點為每日應獲利點數；計算未記入交易手續費；以每月平均交易日 20 天計算。

第三節
長線保護短線，短線帶動長線

我在前面章節中，提到許多有關技術分析、評估行情與線圖判斷等方式。在範例中，我們以日線圖為主，主要是因為，多數投資人無法時時看盤，因此我選用日線圖為本書主要範例。使用日線圖的好處，是這個頻率恰好適中，可用「週」為單位操作波段行情，也可以「日」為單位，作為操作短線的判斷依據。

不過，如果你是專職投資或是很有時間看盤，那麼一天才產出一根 K 線的日線圖，這樣的頻率對你而言可能太過緩慢，你可以試著調整成 60 分鐘 K 線圖、30 分鐘 K 線圖、15 分鐘 K 線圖、10 分鐘 K 線圖，或週期更短的 K 線頻率。一開始，先網絡每一種 K 線，讓自己進入一段時間的測試期，試試看哪種週期長度的 K 線能讓你最有感、最合拍，試著去尋找跟你最有默契的 K 線週期，是投入交易的第一步。

當你嘗試了不同週期的 K 線後，你可能會發現：「同一時間，不同週期 K 線圖，行情走向不同」。比方說：使用日線圖時，行情走多、指數持續攀升，但在此同時，前往檢視 60 分鐘 K 線圖卻發現，行情走空而指數不漲反跌；或是 10 分鐘 K 線圖中的行情走多，但 60 分鐘 K 線圖中的行情卻走空等。

像這樣，在不同 K 線週期，呈現不同行情走向的情形很常見。看到這種情形不用覺得緊張或疑惑，這反而能夠提醒我們：現在的上漲行情，只存在於短線中；或是，現在行情雖偏空，但只是短線拉回

修正過熱的階段等。應用週期長短不同的 K 線來互相搭配、綜合檢
驗行情走勢，可以讓我們擁有更寬闊的視野，對於行情的解讀將有一
番不同的看法。

用日線操作，60 分鐘 K 線、10 分鐘 K 線預知趨勢

　　判斷行情時，可以宏觀角度來加以判斷。比方說，我每個星期會
檢視一次「週線圖」的走勢，即使當時我並不以週線為操作週期，我
仍然會這樣做，無非是希望能藉此了解長線行情的整體走向，了解目
前行情屬於長線多頭或長線空頭；若目前行情為**長空短多**，那麼我便
了解到，即使目前操作多方，但礙於整體長線行情偏空的侷限下，只
能搶短多，手中所持有的多單不能抱太久，以免獲利被反嗜；相反
的，若目前行情為**長多短空**，那麼趁著短線拉回時，可能正是個值得
逢低撿便宜的大好機會。

　　另外，市場中最重視的共振情形，如：**長空短空或長多短多**，像
這類**長線與短線行情走向相同**、彼此相輔相成與互相成就，由「**長線
保護短線、短線帶動長線**」，如此行情通常能走得更長遠，造就更大
的波段行情與獲利機會。

　　像這樣，以整體長線行情來判斷操作週期長短，決定要操作長單
或是短單：當長短線行情走向相反時，此時通常不是值得長線持有的
好時機，那麼我就會留意操作時機，儘早平倉；當長短線行情走向相
同時，我則拉長交易時間，希望能藉此擴大獲利。

　　從下頁圖表 7-4 可知，在同一時間內，長線行情與短線行情的相
異情形。當日線圖仍呈現持續創新高的上漲行情，在此同時，60 分

鐘 K 線圖（如圖表 7-4 的（二））卻已開始由高處拉回，繼續往下看到 10 分鐘 K 線圖（如圖表 7-4 的（三）），已經由高處拉回第二次。長線行情與短線行情，分別顯示出不同走向。這類情形經常可見。

我們從範例中可知：**當 K 線週期越短時，它的敏感性也越高而震盪越大。** 我們可以利用這項特質，來決定手中作多部位，是否提前賣出或繼續持有。或者，如範例所示，若我們以日線評估時，見漲勢仍持續進行而想要買進多單作多，此時不妨切換至 60 分鐘，或 10 分鐘週期的 K 線，檢視行情是否仍持續走多後再決定。

圖表 7-4　同一時間裡，長線與短線走勢不同

（一）日線圖

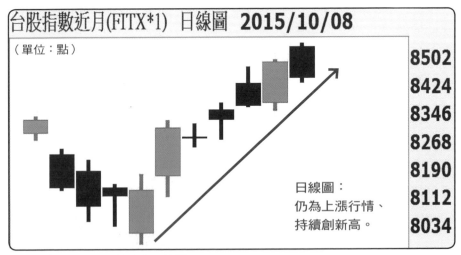

＊資料來源：中國信託致富王軟體。

（二）60 分鐘 K 線圖

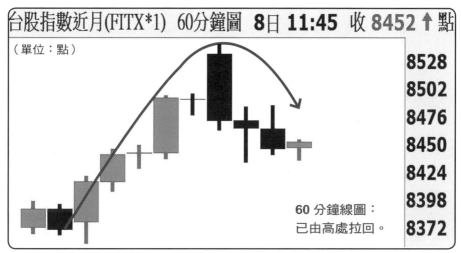

* 資料來源：中國信託致富王軟體。

（三）10 分鐘 K 線圖

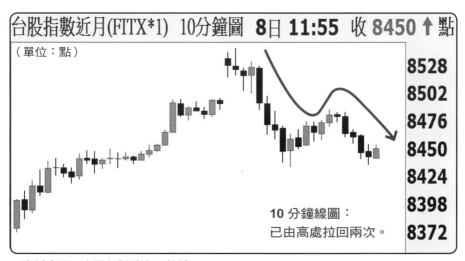

* 資料來源：中國信託致富王軟體。

第四節
買進時機與賣出時機怎麼選？

交易是否順利成功，主要在進場時機與賣出時機的選擇。

前面章節所討論到的範例，是從「日線、波段交易」角度出發，也是本書主旨：買賣台指期，並非如同市場大眾認知，只能快速交易、快進快出，而是能夠慢慢來，目的在賺取更大的波段獲利。

為了賺取更大的波段利潤，買進時機需要花點時間等待；以「日線、波段交易」的角度出發，意謂每年買進時機並不多，但這樣的等待值得，因為當每次交易機會出現時，都將帶來賺取更大波段利潤的機會。

若在波段交易機會之餘也想玩玩短線交易，可將所使用中的 K 線頻率調整為較短，如此便可發掘更頻繁出現的交易信號。相反的，若想從短線交易中跳脫出來，邁向長線或波段交易，則可將使用中的 K 線頻率調整為較長，使交易信號出現的頻率從頻繁變成緩慢。

想改變自己的交易頻率，只要調整使用中的 K 線週期，便可達到想要的效果，以此尋求更理想的買進時機。

另外，再來談談賣出時機。賣出時機主要可區分成兩種：停利與停損。所謂停利，是指在賺到利潤之後賣出以實現獲利，將實際投入本金與獲利後的利潤收回。建議在每次進場前，預先計算好想要獲利的金額、設定預期目標，並在股價到達想要的價位時停利出場。

停利，你有目標嗎？賺自己該賺的

最完美的交易莫過於：股價趨勢照著我們想要的方向進行，等到達預期中的價位時，我們也能遵守計畫中的步驟，取回應得獲利。像這樣股價趨勢吻合預期，自己的交易行為也符合計畫而未脫序，堪稱完美交易。

停利雖然是美好的，但多數人往往會陷入貪心的陷阱中。比方說，賣出之後股價續漲，原本喜悅美好的心情瞬間減少一半，開始發牢騷自己應該晚點賣。這樣的心情誰都曾有過，但當交易經驗累積久了以後，就能夠了解一件事：賺自己該賺的！多的，就留給別人賺。只要取得自己應得的利益，股價趨勢吻合自己的預期，表示自己評估市場行情的能力已經到達一定水準，在此同時，若自己的交易行為也能遵守紀律、吻合計畫與規定，這就是交易的本質。

以我為例，我的交易都有明確目標，比方說：我想透過這次交易積滿旅行基金，而這筆基金金額是多少？我能透過什麼交易取得這筆金額？這需要花多少時間？目前的行情有這個機會嗎？

如果目前市場中有波段行情，我就會專設一個帳戶專門進行長線波段交易，以此擴大獲利金額，另外再設置一個帳戶專門進行短線交易，以小額獲利累積金額。

停損，不等於虧損，長期存活才是關鍵

另外，我們繼續來談談停損。停損，意謂在交易不順時，經由賣出以控制虧損破洞繼續擴大。在交易中有個陷阱是：將停損視為虧損，而在交易中，大家最不想面對的就是承認虧損，因此往往會抗拒

停損。其實真的不需要排斥停損，因為停損就像是為每一筆交易買保險一樣：當你不想承擔計畫之外的損失時，隨即停損賣出，就可以將風險鎖定與控制在理想範圍之內。

市場價格是活的、是變動性的，因而帶來機會與風險。當價格超出合理範圍外時，記得提醒自己有些風險是不必承擔的，這些不合理的風險，往往也無法帶來合理利潤機會，更需要當機立斷的賣出離場。保護資金安全，是我們的重責大任，也將決定我們在市場中的存活時間。能夠賺得一時的人並不厲害，能夠長期存活在市場的人才最真實。

我在每次進場前，都先不去想這次交易一定會成功、能大賺一筆，而是先告訴自己可能失敗、可能會賠錢。先面對這些問題，然後跟自己約定好願意承擔的風險程度：「我們最多只願意賠掉多少錢，再多都不願意、超過就甩頭走人。」願意承擔才進場，不願意承擔就觀望。

先從可能失敗的角度出發，可以讓自己得失心不那麼重，降低敏感的情緒問題。有一件事我敢打包票：**老是害怕買進後會賠錢的人，絕對不可能從市場中長期而穩定的賺到錢。**這就是交易的本質。

交易可不是把錢投入市場後就沒事了，能夠靈活進出場的投資人，最懂得把握機會，也才懂得避開風險。

停利與停損方式

每當我被問及：「現在這裡可以買進嗎？」我都會反問：

- 「你現在為什麼要買？」

- 「交易策略是什麼？」
- 「防守點（停損）設多少？」

交易時進退有據，我們依據某個理由而進場，也因為進場依據消失而退場。而我們身在交易市場中的存活率，則是由剩餘資金的多寡決定。在交易的過程中，防守點是最重要的，當盤勢與自己的理念想法背道而馳時，防守點就是重新審視盤勢的標準。當股價觸及防守點，我們開始繃緊神經、自我警戒；一旦股價越界防守點，我們開始展開自我急救、保護資金。

以下提供我常用的停利和停損方式：

一、預期目標停利法

進場前，先設定好獲利的預期目標，等到市場價格達到預期目標時，停利出場、獲利回收。

二、保護資金／停損

一般新手朋友，我會建議幾項要點：

1. 每次虧損金額控制在 30 點到 50 點以下。

2. 交易連續虧損三次時，先停手觀望。重新評估盤勢、重新整理好心情再出發。

3. 股價變動範圍太小時（例如：30 點以下的震盪空間），避免頻繁交易。

三、趨勢停利／停損法

在原先進行中的趨勢消失時出場。情況如下：

● **情況一：作多**（圖表 7-5）

作多時，只要股價能持續創新高，多單部位便可持倉續抱，等到股價漲不動或不再續創新高時，可先停利出場或減碼，並在股價趨勢正式揮別多頭漲勢前，全數停利出場完畢、收回獲利。

另外，當布局多單後，股價卻不漲反跌，可先給一段時間作為觀察期。觀察期間內，可先出場觀望或減碼，待股價趨勢正式翻空下跌前，全數出清完畢。

● **情況二：放空**（圖表 7-6）

放空時，只要股價能持續創新低，空單部位便可持倉續抱，等到股價跌不下去或不再續創新低時，可先停利出場或減碼，並在股價趨勢正式揮別空頭跌勢前，全數停利出場完畢、收回獲利。

另外，當布局空單後，股價卻不跌反漲，同樣可先給一段時間作為觀察期。觀察期間內，可先出場觀望或減碼，待股價趨勢正式翻多上漲前，全數出清完畢。

圖表 7-5　趨勢停利法／作多

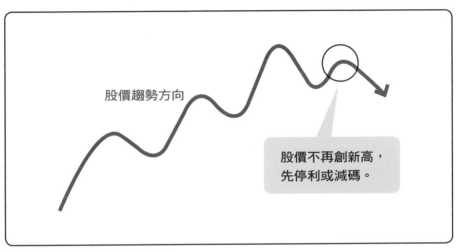

股價原本處於漲勢中，待股價漲不動且不再創新高時，先停利賣出一趟。若持有雙數部位，可開始分批減碼。

圖表 7-6　趨勢停利法／放空

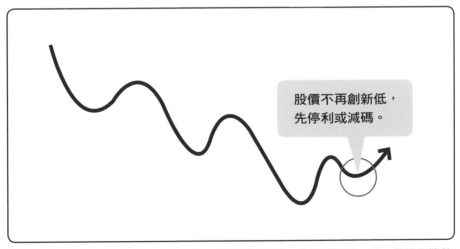

股價原本處於跌勢中，待股價跌不動且不再創新低時，先停利賣出一趟。若持有雙數部位，同樣可開始分批減碼。

第五節
上班族、業餘投資人
技巧訓練模式

大部分投資人都是上班族，無法時時刻刻盯著盤勢看，萬一被老闆抓包，場面恐怕也不會太好看，那該怎麼辦呢？

勤累積看圖量，趕上進度

不用著急，如果你也是上班族，除了挑選適合自己的操作頻率之外，可在下班時間訓練自己培養盤感。如果因為工作關係不方便即時看盤，在每日盤後或下班後找個固定時間練習，利用盤後累積看圖量的方式，同樣能夠趕上進度。

我們在第三章分享了，盤前、盤中與盤後各個階段應準備與執行的動作，而上班族只是無法確切的執行日盤的階段而已，因此把握住夜盤時段，用功一點，努力把進度補回來。

每週有五個交易日的線圖，可提供我們觀察與練習。當檢視每日線圖時，與其光用眼睛看，不如再加上動手畫，藉由融合腦力、視覺與觸覺同步來加深印象。

你跟你的交易頻率合拍嗎？

在選擇所要觀察的交易線圖之前，請務必先根據自己的生活型

態，或是使用起來感覺較得心應手的操作 K 線週期，以此來選擇適合的交易頻率。

你與你的交易頻率之間的關係，在進入市場後就像盟友一般，而唯有頻率相合，合作起來才會順暢、舒服。

以台指期而言，短線交易可使用 1 分鐘、5 分鐘、10 分鐘或 15 分鐘等週期的 K 線圖，而中、長線交易則可使用 30 分鐘、60 分鐘或更長週期的 K 線圖。如果盤中交易時間大多在工作而無法抽身，那麼必須放棄得時時盯盤、週期過短的 K 線圖，而改以週期較長的 K 線圖，這樣的頻率或許才更適合你。

另外，若交易不順遂，極有可能是你正在使用的操作週期不適合你，請務必試著改變操作頻率。

長短線交叉練習，加快訓練速度

選好了合適的操作頻率後，接著開始加強練習、累積看圖量。若想加快訓練速度，可在合適的操作頻率之外，再搭配一個更短的操作頻率來進行練習。

比方說，你最適合使用 60 分鐘線圖來交易，那麼，可以在練習時搭配較短的頻率來交叉練習，例如：以 60 分鐘搭配 30 分鐘線圖或 10 分鐘線圖、以日線圖搭配 60 分鐘線圖來交叉練習等。這麼做的目的在培養盤感，並增強看盤時的敏銳度。

在下頁圖表 7-7 中，左邊為 10 分鐘 K 線圖，右邊為 60 分鐘 K 線圖，兩相對照後，可得到一個很明顯的結果：六根 10 分鐘 K 線，等同於一根 60 分鐘 K 線。而代表短線週期的 10 分鐘 K 線，無論是

在變化性或敏感性上，都是優於代表長線週期 60 分鐘 K 線。

加快練就盤感的速度與敏銳度，還可因此更能體悟長線與短線之間的相互關連性。

圖表 7-7　長短線交叉練習，加快訓練速度

（一）10 分鐘 K 線圖　　　　　　　（二）60 分鐘 K 線圖

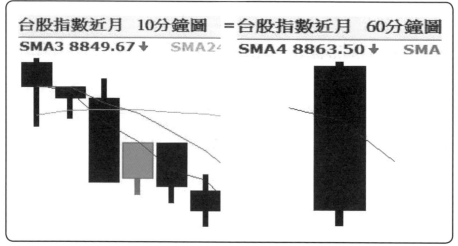

＊資料來源：中國信託致富王軟體。

模擬操作，訓練戰鬥力

真實進入市場交易前，建議新手朋友一定要先進行模擬交易：跟著盤面假設自己下單，並如實記錄下交易價位與損益狀況。盤中先這樣快速記錄，等到盤後再分析當下買賣的原因與依據。

模擬交易，主要目的是為了將個人交易模式的資料庫建構完整。因為，每個人在開始交易後，將經歷一段時間的適應期，為適應市場節奏與測試自己的交易個性，並藉由這些交易經驗，來建構自己的交

易模式資料庫。而沒有交易經驗的投資人，可以先透過模擬訓練交易，以降低適應期的投入成本（見第 269 頁圖表 7-8）。

模擬交易的練習還有個好處：當你真槍實彈以實際資金進入市場，會面臨到許多心理層面的問題，舉凡恐懼或貪婪、在該進場時不敢進場、在該停利時卻陷入貪婪等，這些來自心理層面的阻礙，在資金壓力與不理性下被一一釋放，讓你接觸不到理性下的真實自我，在這種時候，模擬交易可為你解放在資金壓力以外，更真實的一面。

另外，我強烈建議：實際交易與模擬交易應該交互作用。在操作績效不彰時，先暫停實際交易，但不要真的就這樣停下來，而要改以模擬交易繼續在市場中執行交易練習。在真實與虛擬的操作心境相互交換之下，等回到真實交易中，就再一次提升操作上的心理層次。

操作猶如肥皂劇，今日劇情昨天會預告

排除特定因素的影響，在一般情形，前、後日的盤勢通常會有延續性，這是我經常笑稱操作這件事，很像在看肥皂劇的原因，今天會怎麼演，昨天都有預告、有埋伏筆。因此，對於新日行情的推敲，要從舊日的盤勢來探究。

比方說，今日盤中走勢為：早盤出現賣壓，但賣壓不強，且後續盤中再度轉強，甚至在收盤前還出現拉尾盤行情。這樣的盤勢可能說明：低檔防守性強，且有低接買盤趁機進場。將這樣的盤勢情形對應到後續盤勢，可能也會出現相當的防守性或對漲跌行情造成影響。

藉由盤中動態圖與盤後靜態圖兩相對照，試著理解自己盤中與盤後不同的感覺，並再次考驗自己：如果此盤重新再來一遍，何處會有

不同作法？如何不同？把這些問答都記錄下來。而這項練習還有兩個好處：

一、規畫行情

藉由盤後的靜態盤的觀察與練習，除了能加深印象、加速技巧的熟悉度之外，也能讓你對於明日行情的規畫更有方向。

二、盤感訓練

這是一個隨時可做的練習：將 K 線圖調整到某個位置後定格，以自己最常使用的頻率為主，再讓 K 線圖一根一根的向右挪移，每到達一根 K 線後自問自答：「這一根，我願意買進嗎？」如果答案是「買進！」那麼，請把答案記錄下來，這是促成你這筆交易的理由與依據。

接著，繼續將線圖往右挪移，每出現一根新 K 線，就問自己當下會怎麼做，持有或賣出？同樣要把理由記錄下來。這個練習可以幫助加強訓練即時反應，讓你有更多機會，接觸即時狀況與交易選擇。

我只要一有空，就會抓出 K 線圖來進行這項練習，練習我經常使用到的 K 線圖，也挑戰我不常使用到的 K 線圖。多多練習後，在面對真實盤面上的線型跳動，會因為熟悉感而讓反應更加靈敏，增強自己危機處理與解決問題的能力。

圖表 7-8　透過期交所模擬交易嘗試下單

第一步　登入「臺灣期貨交易所」網站上的「線上虛擬交易所」，網址：https://sim.taifex.com.tw/sim/。

第二步　下載模擬交易軟體。

第三步　從「新手教學」中點選「網頁版/手機版」，以了解詳細完整使用說明。

後記
計畫與紀律，沒有財經背景也能成為專業投資人

看完這本書，你可能已經發現，投資台指期沒有想像中的困難或投機，只有簡單評估法人動向、盤面資訊與技術線圖，來找出投資與獲利的機會。而所有交易都是依循計畫執行，透過安全且高勝率的投資模式，先把事情做對，獲利自然就跟著來了。無須追逐名師、明牌與財經媒體，靠自己就能穩定獲利。

而在累積交易經驗的過程中，你可以記錄下最容易成功獲利的模式，並且複製成功。另外，你還能透過自己的生活型態，來決定長線或短線交易，若有時間不妨搶搶短線，也能練習交易盤感；若沒時間就拉長交易時間，爭取中長線波段利潤。最重要的是，在盤前做好功課，預先設定好警示音功能，如此一來根本無須時時盯盤，交易台指期也能既悠閒又優雅。

健康的交易心態，是穩定獲利的基石

說說看，你為何想從事台指期交易？

「想賺大錢！」

「想擁有自我謀生能力！」

「尋求自信！」

「學習成長！」

「擁有安全感！」

上述觀點我全都認同，尤其是「想要賺錢，所以學習做交易。」太棒了！賺錢總是最大的動機，但如果只是為了想要輕鬆賺錢，恐怕就無法長久的維持下去。因為維持穩定獲利的過程中，需要時間與毅力，而這過程有時一點也不有趣。

對我而言，「學會台指期交易，不為賺大錢，而是為了穩定獲利。」學會台指期交易，不是為了成為有錢人，而是為了無論在任何行情中，都能找到讓自己有穩定收益的利基與機會。

當你開始正式進入市場交易，我所分享的經驗與技巧，都能成為你的助力，當然很多事情還是得自己親身經歷，然而透過閱讀，一定能為你省掉許多摸索期。

每當有網友來信說：「為了能心無旁騖的做交易，已經辭去工作，正式成為專職投資人。」每每聽到這類訊息，我總會在心裡為他們擔心。因為我希望他們以兼職、副業的方式開始，如此一來，除了擁有一份固定收入，能支應摸索適應期間的生活開銷之外，此時的交易心態往往更健康，而健康的交易心態，永遠是穩定獲利的基石，這是恆久不變的致勝法則。

交易守紀律，維持長期好績效

「沒賺錢沒關係，只要不賠錢就好。」當一筆交易正在進行中卻不順遂時，有些人心中可能會產生這樣的想法，但這是專業投資人絕不可有的心態。一筆交易若一開始就不順遂，寧可先退出，如果毫無規畫而隨波逐流的被套牢，絕對是禁忌，也是對自己交易行為的漠視

與放任。

　　每次進場前，都要事先做好規畫，而且每次交易都是為了執行既有的計畫，絕非隨機行事。隨機行事的買賣，無法維持長久的好績效。既有的交易計畫，則是在交易之前，就先預定好遊戲規則，所以在過程中務必要遵守規則，不可以因為情緒或面子等因素，而干擾交易進行。一切遵守遊戲規則，在該進場時進場，在該退場時退場。

　　此外，透過每日作交易記錄，讓自己成為有紀律的投資人。藉由每日交易記錄，能反覆回顧記取經驗，讓成功經驗成為專屬於你的獲利模式；而透過失敗經驗，會讓你更了解自己，並轉換為最佳的學習養分。

用實際的獎勵，讓身體記住獲利的感覺

　　當一筆交易順利讓你獲利時，證明了幾件事：

　　一、證明你已經養成了判斷行情的能力，且功力不錯。

　　二、證明你能遵守遊戲規則。

　　三、證明你能克服交易情緒的干擾。

　　你有能力也確實做好這些事，於是預期中的獲利就自然產生。

　　這絕對值得好好慶祝，哪怕只是小小的成功，都值得馬上好好寵愛自己，例如：

- 捐助善款，回饋社會；
- 享用一頓美味佳餚；
- 享受一次大、小旅行；
- 住進一間夢幻旅館；

- 買下一件你之前就想要的昂貴襯衫；
- 在家裡擺滿鮮花慶祝；
- 舉辦慶功宴……等等。

我建議，趕快列出你的慶祝願望清單，等到將來每完成一筆成功交易，你都要為自己實現一項願望，立刻享樂，絕不拖延。

「用力工作，用力玩樂！」這是我努力的本質與人生觀，千萬別抗拒這些會帶來快樂的物質生活，因為你絕對值得。這也將激勵你為下一次的成功充滿幹勁。

現在，換你了！

一個原本排斥數字與財經新聞的我，如今已在投資領域交易超過十個年頭。現在的我已成為專職投資人，我有幸在這個人生階段中，能做自己想做的事、過自己想過的生活。過去我是個朝八晚五的軍職上班族，但人生實在很有趣，很多路你還沒仔細想過該怎麼走，但回頭一看，其實你已經走在路上了。這正是我進入這一行的寫照。

「她可以，我也一定可以。」如果透過這本書，能激勵你產生這種躍躍欲試的感覺，那會是這本書最棒的功能，在此鼓勵你邁出投資台指期的第一步。

致謝

一本書從寫作到出版，需要感謝的人太多，感謝一切與本拙作有關的人事物。

感謝大是文化全體同仁，特別感謝：總編輯依瑋的肯定與協助、副總編輯惠君的盛情邀約，沒有她沒有這本書；責任編輯努力補足我原稿所不足，與為本書所做的一切努力。

感謝我的家人，感謝爸媽總讓我做自己，感謝另一半給予這本書許多實質建議，與一路上始終耐心指導我投資台指期，感謝三位狗寶貝總在我寫作時陪伴在身旁。

感謝一路長期支持的網友們，沒有你們就沒有這本書。

感謝本書讀者朋友，你們的肯定與支持，對我來說意義重大。

謹紀念我可愛的小守護者──仔仔

仔仔是我收養的流浪狗，當時他在馬路上亂衝，小小身軀看起來憔悴老態，全身毛髮打結還發著高燒，醫生斷定他已高齡，而且應是被棄養。

照顧了一年後，仔仔由老態回春，一身毛髮雪白發亮，還胖嘟嘟的像隻小熊。收養他的五、六年來，與我日夜相處，寸步不離的守在我身邊，就像是我的小守護者。

如今仔仔已離開多年，晉升成為快樂小天使，「仔仔，我們在天堂見了！」

附錄一
高檔長紅，預告漲勢將盡，
行情轉向範例

　　好用的方法，經得起時間考驗，本書初版始於 2015 年，如今 2022 年再出版修訂版，時隔 7 年，我們曾在書裡提到過「高檔見長紅，預告漲勢休息或結束」定律，時至今日這套方法仍非常實用。接下來，我們將藉由近期所發生的例子，來複習與補充相關重要事項。

範例 1：
高檔長紅頻繁出現且距離近，代表漲勢受阻

圖表 1　高檔長紅頻繁出現且距離近，代表漲勢受阻

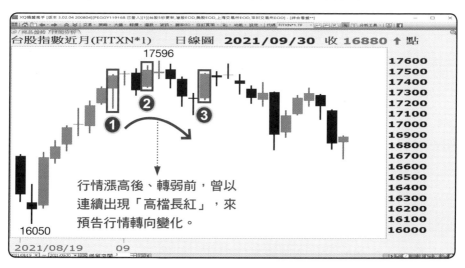

如圖表 1 中所標示的三根紅 K，我們依序檢視：

（1）左側紅 K

此紅 K 最大漲幅 324 點（取自 2021 年 8 月 31 日的日線圖，至高17,468 點，至低 17,144 點），單日漲幅滿 300 點以上，漲幅驚人。當時行情已經漲很高，而高檔見長紅，猶如為已經漲高的行情，先敲響第一聲警鐘，預告高點不遠。

（2）中間紅 K

此紅 K 最大漲幅滿 211 點（取自 2021 年 9 月 3 日的日線圖，至高17,553 點，至低 17,342 點），單日漲幅逾 200 點以上，漲幅同樣驚人，接續在左側紅 K 之後，意義重要，有為當時漲高行情，敲響第二聲警鐘之意。

（3）右側紅 K

此紅 K 最大漲幅滿 255 點（取自 2021 年 9 月 10 日的日線圖，至高 17,479 點，至低 17,224 點），單日漲滿 200 點以上，接續在前兩根紅 K 之後，是第三根漲幅大、漲勢鏗鏘有力的高檔長紅 K，為當時漲高行情，再敲響第三聲警鐘。所謂事不過三，行情終於自此結束漲勢，轉向下跌。

由此可知，每次「行情轉向」都不會突然發生，而是早有預告。如本範例，指數自圖中左下側低點 16,050 點止跌後起漲，一路向上漲高。漲高後，以三根鏗鏘有力、漲幅都高達兩、三百點的高檔長紅，來預告高點已近、漲勢將盡。投資人若能了解這個警示，也放在心裡先做好準備，便能順勢逢高獲利，甚至反向放空。

此外，本範例還有兩個特別值得探討的地方，第一個是「高檔見

紅、反向思維」，即是行情漲高後見紅，本應繼續看多，但因高檔區出現漲幅過大的「高檔長紅」，這時與其繼續看多，不如反向思維，了解「漲勢將盡」的可能性。

　　第二個是「行情陷入膠著」。行情漲高後，於高檔區連見三根「高檔長紅」，但仔細觀察，這三根「高檔長紅」之間的位置非常接近，有漲勢遇阻、行情陷入膠著的跡象。這時可以開始鎖定，並搭配技術線圖來觀察，就像圖表 2 中，以一記黑 K 來劃破三根「高檔長紅」，形成起跌開端。

圖表 2　黑 K 劃破高檔長紅，形成起跌開端

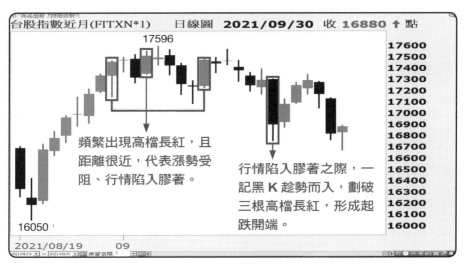

範例 2：兩根高檔長紅，預告漲勢遇危

圖表 3　兩根高檔長紅，預告漲勢遇危

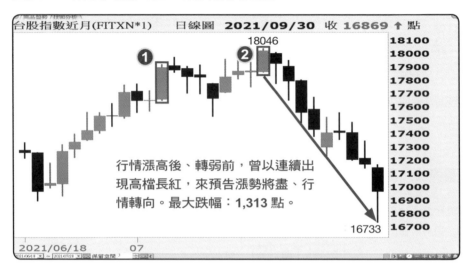

如圖表 3 所標示之兩根高檔長紅，我們依序檢視：

（1）左側紅 K

此紅 K 最大漲幅滿 274 點（取自 2021 年 7 月 5 日的日線圖，至高 17,920 點，至低 17,646 點）。單日漲幅逼近 300 點，漲幅不小，又出現在當時已經漲高的行情中，有為漲勢行情敲響第一聲警鐘的含意，預告高點不遠、漲勢將盡的可能性。

（2）右側紅 K

此紅 K 最大漲幅滿 186 點（取自 2021 年 7 月 15 日的日線圖，至高 18,046 點，至低 17,860 點）。單日漲幅逼近 200 點，漲幅同樣不小，接續在前一支紅 K 之後，有為當時漲勢行情敲響第二聲警鐘

之意，也代表多方行情開始趨向不穩定。此時，若空方趁勢介入，極易促發行情轉向起跌，如圖中，指數自至高 18,046 點見高後轉向，向下探低直抵 16,733 點。算一算，這一跌就跌了 1,300 點以上，跌勢嗆辣。

而這 1,300 點的大跌行情，當然不是突然發生，而是早已藉由兩根高檔長紅，來提前預告漲勢遇危。

範例 3：行情漲高再高檔長紅，是行情轉向警訊

圖表 4　行情漲高再高檔長紅，是行情轉向警訊

在這個範例中，指數在見高 17,702 點之前，也同樣以高檔長紅，來預告漲勢將盡、行情轉向的機會。如圖表 4 中圈示處的內紅

K，創下最大漲幅滿 285 點（取自 2021 年 4 月 26 日的日線圖，至高 17,536 點，至低 17,251 點）。單日漲幅逼近 300 點，當然是大型漲幅（大漲日），而我們現在已經知道，當行情於漲高後還又「大漲」（高檔長紅），必須反向思維，視為行情轉向的警訊。

果然，後續再漲無多，最終於 17,702 點見高後，迅速轉向下跌，一路探低直抵 15,027 點，創下最大跌幅滿 2,675 點。而這逼近 3,000 點的漲幅，不是沒有預告，而是早已以「高檔長紅」來預言這一切。

高檔長紅使用須知

現在我們已經知道：在行情高漲後，若見「高檔長紅」出現，與其繼續看多，不如反向思維，並了解「漲勢將盡（漲勢休息或結束）、行情出現轉向變化」的機會。於此，我們可以預先做好準備：若手上持有多單，請搭配技術面信號，了解「轉弱信號」何時出現，準備逢高停利；若此時是空手，同樣可搭配技術面信號，準備逢高布局空單、爭取放空獲利機會。

這個好用的方法，在操作時還需要注意的有：

（1）鑑往知來：紅 K 漲幅比較

當高檔長紅出現不止一次時，請將紅 K 的漲幅互相做個比較，若出現「後面紅 K 漲幅＜前面紅 K 漲幅」的現象時，就必須特別注意，代表漲勢力下降、漲勢遇阻等可能。

如範例 1 中，第一根紅 K 的漲幅最大，有 300 點以上，而後續第二、三根開始收斂，漲幅都在 300 點以下，無法再超越第一根，

有漲勢力道減緩的跡象。再如範例 2 中，後面出現的紅 K 漲幅，同樣也無法超越前面紅 K 的漲幅。在範例 3 中，我們只使用了一根高檔長紅，而即使後續再創新高，但創下新高的紅 K 漲幅已經明顯收斂，完全無法與先出現的高檔長紅比較，漲勢力道明顯大減。

這三個範例有個共通點，即是都出現了紅 K 漲幅明顯收斂的情形，也代表上漲力量減弱、漲勢遇阻。見此現象，即使當時仍處於漲勢中，也必須反向思維，預想行情轉向（轉弱下跌）的可能性，並搭配技術面來調整交易策略（多單停利或放空預備）。

（2）多空較量：紅、黑 K 漲跌幅比較

漲高後，見高檔長紅出現，請視為警訊，預想行情轉向的可能。而繼高檔長紅後，若見黑 K 開始頻繁出現，請將紅 K 漲幅與黑 K 跌幅互相做個比較，當「黑 K 跌幅＞紅 K 漲幅」時，最易促成行情轉向成功，由漲轉跌。

附錄二
低檔長黑，預告跌勢將盡，行情轉向範例

　　將「高檔見長紅，預見漲勢休息或結束」定律反過來，同樣可以用於低檔長黑的情況。下面透過近期的幾個實際例子，來複習「低檔見長黑，預告跌勢休息或結束」，來判斷行情會如何轉變，決定下一步的操作策略。

範例 1：連續低檔長黑，預告行情轉向

圖表 5　連續低檔長黑，預告行情轉向

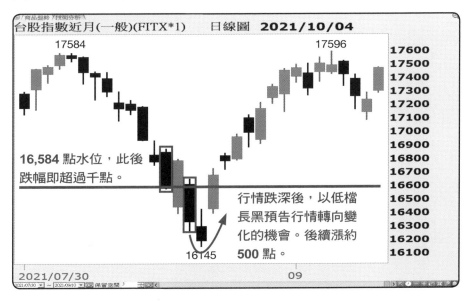

指數自至高 17,584 點，見高轉弱起跌，一路下探，並於跌幅滿千點時，以連續出現「低檔長黑」，來預告行情轉向的可能。

第 285 頁圖表 5 中，我們特別標示出跌幅滿千點的位置，可以看出在跌幅超過千點之後，曾連續出現 2 次低檔長黑，來預告行情可能出現轉向變化。隨後不久，跌勢果然走到盡頭，開始轉向起漲。

細看這兩根低檔長黑：左側的黑 K 單日跌幅近 300 點（取自 2021 年 8 月 18 日的日線圖，至高 16,873 點，至低 16,575 點），跌幅不小；右側的黑 K 單日跌幅近 400 點（取自 2021 年 8 月 19 日的日線圖，至高 16,648 點，至低 16,256 點），跌幅同樣不容輕看。

當跌幅已深，又連續出現兩根跌幅將近三、四百點的低檔長黑，這事態肯定不尋常！此外必須試著反向思維，了解物極必反的可能，並開始鎖定關注「轉強信號」何時出現，一旦出現，必是行情轉向（止跌起漲）的開端。

範例 2：低檔長黑跌幅破千，低點已現可能性高

在圖表 6 中，指數自 17,702 點開始深跌至 15,027 點，大跌2,675 點。跌深之際，同樣是以低檔長黑來預告跌勢將邁入盡頭。

細看這根低檔長黑，創下單日最大跌幅滿 1,500 點（取自 2021 年 5 月 12 日的日線圖，至高 16.531 點，至低 15,027 點），跌幅極大，下跌力量用罄、低點已現的可能性很高。

於此，與其繼續看空，不如反向思維，預想物極必反、跌深反彈的機會，並關注轉強信號何時出現。在跌勢盡頭，一旦出現轉強信號，勢必將扭轉趨勢、使行情轉向起漲。

圖表 6　低檔長黑跌幅破千，低點已現可能性高

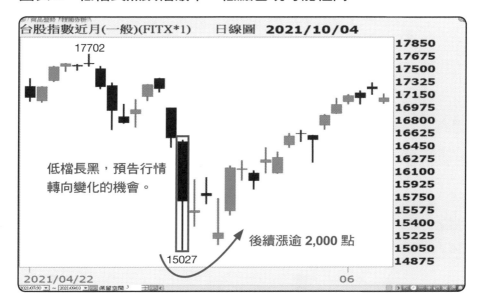

這個例子中，其實在出現創下 1,500 點跌幅的低檔長黑之前，還有個「前傳」：

在跌幅滿千點時（如下頁圖表 7 標示 16,702 點水位處），也曾出現當時的低檔長黑，來預告行情轉向的機會。而後續也果然轉強反彈、漲幅逼近 700 點。

細看這根當時的低檔長黑，其單日最大跌幅滿 641 點（取自 2021 年 5 月 4 日的日線圖，至高 17,309 點，至低 16,668 點）。這根低檔長黑，其跌幅雖無法與後續創下 1,500 點的低檔長黑相提並論，但在當時而言，這根長黑跌幅同樣驚人。在「驚人之下，必有轉機」定律下，這次的轉機也就實現在後續近 700 點反彈（大）行情中。

對於這個範例，我們可以總結出 3 大步驟：

1. 行情跌深（跌幅滿千點）。

2. 跌深之際，見低檔長黑（單日大跌逾 600 點），預告跌勢休息（或結束）的機會。

3. 行情如期轉向，反彈大漲近 700 點。

圖表 7　跌幅破千後的反彈

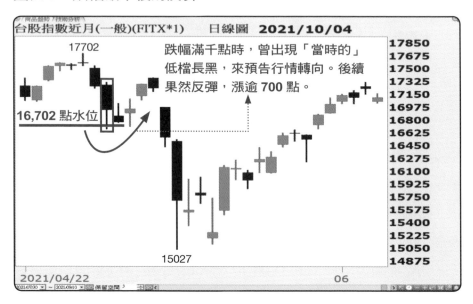

範例 3：跌滿千點出現低檔長黑，預告行情轉向

在圖表 8 中，指數自左側高點 16,183 點處，見高轉弱起跌，並於跌滿千點，來到 15,183 點之際，以低檔長黑來預告行情可能出現轉向變化。

這次低檔長黑，創下單日最大跌幅滿 476 點（取自 2021 年 1 月

圖表 8 跌滿千點出現低檔長黑，預告行情轉向

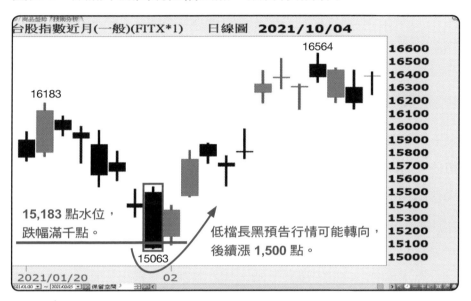

29 日的日線圖，至高 15,539 點，至低 15,063 點），一天內跌近 500 點，跌幅驚人，屬「大跌日」，而於此之後，也如期發生後續大漲 1,500 點的行情。

這個範例也可以總結出 3 大步驟：

1. 行情跌深（跌幅滿千點）。

2. 跌深之際，見低檔長黑（單日大跌近 500 點），預告行情轉向的機會。

3. 行情如期轉向，漲逾 1,500 點。

若大家有興趣，可以依照上述案例打開技術線圖，繼續搜尋相關情形，將會發現，這些例子並非罕見個案，而是經常可見。因此，若

能深入了解並熟練，必能養成獨立判斷行情的個人能力，以在行情跌深或漲高時，能懂得反向思維，不再陷入失去主見的困境，只隨市場搖擺不定，看漲說漲、看跌說跌。

低檔長黑使用須知

現在我們已知：行情跌深後，低檔長黑的出現，預告行情轉向的可能，因此，必須反向思維並先做好準備，調整好策略，像是空單出場或出場預備、多單進場預備……等。

使用低檔長黑技巧時，需注意以下事項：

1. 行情跌深，見低檔長黑出現時，可與鄰近紅 K 漲幅相比較，見「黑 K 跌幅＜紅 K 漲幅」時，代表續跌力量減弱，而轉強上漲的力量增強，這會容易促成行情反轉成功。

在範例 1 及範例 2 可見，指數以紅 K 漲過低檔長黑後（即是黑 K 跌幅＜紅 K 漲幅），行情確實開始轉向起漲。

2. 有時轉向不會一次成功，而是需要時間醞釀，累積轉向能量。可觀察到，在跌勢末端，若見紅 K 頻繁出現，代表轉向能量正在醞釀中，有助提升轉向成功的機率。此時，同樣可以比較紅、黑 K 的漲跌幅，將頻繁出現的紅 K 視為一個整體，找出紅 K 漲幅範圍。一旦此範圍超過低檔黑 K（即是整體紅 K 漲幅範圍＞低檔黑 K 跌幅），極易促發行情轉向成功。

在範例 2 即可看出，接續在低檔長黑之後的，正是紅 K 頻繁出現。一旦紅 K 全體漲幅範圍超過低檔長黑，代表漲勢力戰勝、指數將攀上一個新的階段、再迎無限新高價。（請見圖表 9）

圖表 9　紅黑 K 漲跌幅比較，看出走勢醞釀

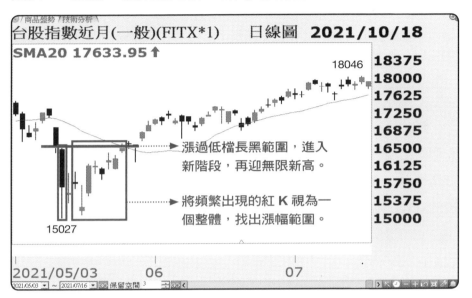

漲過低檔長黑範圍，進入
新階段，再迎無限新高。

將頻繁出現的紅 K 視為一
個整體，找出漲幅範圍。

總結

在行情跌深時，初見低檔長黑，可先預想行情轉向起漲的機會，但還不急著貿然買進多單，此時請搭配轉強信號一起判斷，選擇多單進場時機，必是慎選紅 K、避開黑 K。同樣的道理，在行情漲高後，初見高檔長紅時，也請搭配轉弱信號一起判斷，選擇空單進場時機，請慎選黑 K、避開紅 K。

> 操作要訣：
>
> 多單進場，買紅（K）不買黑（K）。
>
> 空單進場，選黑（K）不選紅（K）。

　　無論是行情漲高後出現高檔長紅，抑或是跌深後出現低檔長黑，它們的出現，猶如為當時已然漲高或跌深的行情投下了震撼彈，預告行情轉向的機會。因此，請好好了解、正確解讀它們在當時行情中出現的意義，並試著善用它們。

　　使用這個定律時，請記得搭配轉強信號及轉弱信號一起使用，可以記住以下公式：

> 高檔長紅＋轉弱信號＝醞釀「起跌」
>
> 低檔長黑＋轉強信號＝醞釀「起漲」

　　至於轉強信號及轉弱信號如何判別？可以複習書中「止漲、領跌」與「止跌、領漲」相關內容。

附錄三
看懂「台指期預言」，讓你買在低點、賣在高點

台指期為台股先行指標，具有「價格發現、價格領先」功能，常跑在台股行情之前、預示台股行情未來走向。我們可善用台指期的此一特性，來評估市場行情。

以下，藉由範例來了解「期貨」與「現貨（台股大盤、加權指數）」之間的連動性與對行情的影響：

範例 1：期、現貨同步下跌（跌勢中，期貨強於現貨）

今日台股下跌，台指期終場以下跌 100 點收在 10,000 點；加權指數終場以下跌 200 點收在 9,800 點。請問，上述數值對後續的行情有何影響？

（A）：後勢看漲

（B）：後勢看跌

解答：（A）後勢看漲

檢視當天行情，雖然期、現貨皆為走跌，但仔細觀察，台指期跌幅較小且收盤表現優於加權指數，即是「期貨強於現貨」，預示台股後勢看漲機率較高，有機會形成止跌或轉強。

　　重點：

　　當行情處於跌勢中，請仔細觀察，若期貨表現強於現貨，可能形成「期貨領先止跌」效果，有機會引領當前跌勢出現轉向變化。

範例 2：期、現貨同步下跌（跌勢中，期貨弱於現貨）

　　今日台股下跌，台指期終場以下跌 200 點收在 10,000 點；加權指數終場以下跌 100 點，收在 10,100 點。請問，上述數值對於後續行情有何影響？

　　（A）：後勢看漲

　　（B）：後勢看跌

　　解答：（A）後勢看跌

　　檢視當天行情，期、現貨皆下跌，但期貨表現弱於現貨，不但跌幅較深，且收盤表現也較弱，也就是「期貨弱於現貨」，預示後勢下跌機率較高。此時，可搭配 K 線圖觀察，在轉強信號出現之前，行情止跌不易。

重點：

當行情處於跌勢中，請觀察，若期貨表現弱於現貨，可能形成「期貨領跌」效果，引領行情持續走跌。

範例 3：期、現貨同步上漲
（漲勢中，期貨強於現貨）

今日台股上漲，台指期終場以上漲 200 點收在 10,200 點；加權指數終場以上漲 100 點，收在 10,100 點。請問，上述數值對於後續行情有何影響？

（A）：後勢看漲

（B）：後勢看跌

解答：（A）後勢看漲

今日期、現貨皆漲，而期貨較現貨表現更強，不但漲幅更大，且收盤表現也較優，即是「期貨強、現貨弱」。漲勢中若出現這類情形，常預示台股後勢看漲機率較高，可搭配技術面觀察，在轉弱信號出現前，宜以偏多操作為主。

重點：

當行情處於漲勢中，請觀察：若期貨強於現貨，常能形成「期貨領漲」效果，有機會引領行情續揚。

範例 4：期、現貨同步上漲
（漲勢中，期貨弱於現貨）

今日台股上漲，台指期終場以上漲 30 點收在 10,030 點；加權指數終場以上漲 100 點，收在 10,100 點。請問，上述數值對於後續行情有何影響？

（A）：後勢看漲

（B）：後勢看跌

解答：（A）後勢看跌

今日期、現貨皆上漲，但期貨的漲幅較小，且收盤價也較低，即是「期貨弱於現貨」，而期貨的弱勢表現，也預示台股後勢看跌機率較高。

重點：

當行情處於漲勢中，請觀察，若期貨弱於現貨，可能有「領先轉弱」效果，預告當前漲勢可能發生變化。

台指期的附加價值：預測台股表現

由上述範例可知，期、現貨彼此關係緊密，而它們之間的互動，常影響台股行情。因此，藉由觀察其中變化，常能推估台股未來行情發展。這是認識台指期的附加價值，可善用其「價格領先、價格發

現」的特性，來評估台股市場行情。

我們將期、現貨之間的連動性及其影響，以條列方式整理如下：

1. 期、現貨同步上漲：後勢看漲機率較高

● 漲勢中，期貨強於現貨：領漲（續漲）效果

● 漲勢中，期貨弱於現貨：領先止漲

當期現貨同步上漲時，通常行情續漲機率偏高。此時，請再進一步觀察：若期貨強於現貨，最有利於推動行情續漲；相反的，若漲勢中出現期貨弱於現貨的情形，需留意觀察，期貨可能形成先行指標，具有領先轉弱效果，也可能預示漲勢將出現變化。

2. 期、現貨同步下跌：後勢看跌機率較高

● 跌勢中，期貨強於現貨：領先止跌

● 跌勢中期貨弱於現貨：領跌（續跌）效果

當期現貨同步下跌時，通常行情續跌機率偏高。此時，同樣可進一步觀察：若期貨強於現貨，常具有領先止跌效果，可形成先行指標，並影響當前跌勢出現變化；相反的，若在跌勢中，出現期貨弱於現貨的情形，則期貨也能形成先行指標，預示台股後勢的續跌機率偏高。

3. 期、現貨不同步

● 期貨漲、現貨跌，且正價差大：後勢看漲機率高

● 期貨跌、現貨漲，且逆價差大：後勢看跌機率高

● 物極必反：當正（逆）價差過大時

當期、現貨出現不同步情形時，例如：當加權指數還在下跌時，台指期已先止跌轉強、一路上漲且漲幅不小，使彼此之間的價差越拉越大。此時，台指期可形成先行指標，有機會引領台股行情止跌或轉強。另外，當加權指數仍處於漲勢中，但台指期已先轉弱下跌且跌幅不小，使彼此之間的價差逐漸擴大。此時，台指期同樣可形成先行指標，預示台股行情續跌機率較大的可能。

　　另外特別需要注意的是：當正（逆）價差過大時，需留意行情可能出現轉向變化，例如：當正價差過大時，可能顯示「市場過熱」現象，此時若想買進多單，必須留意追高風險；同理，當逆價差過大時，若想布局空單，也需留意追價風險、跌勢可能出現轉向變化。

 投資知識補給站

- **正價差**：指「期貨價位」減去「現貨價位」後為正值。
- **逆價差**：指「期貨價位」減去「現貨價位」後為負值。

　　價差是指期貨（台指期）與現貨（加權指數）之間的價格差異，期貨常代表未來價格趨勢，因此，藉由價差可觀察出市場對於未來行情的預期。對於作現貨（如：股票）的投資人而言，可作為判斷未來行情的重要指標。

國家圖書館出版品預行編目（CIP）資料

我買台指期，管它熊市牛市，年賺 30%：一種規則，
兩種行情，不到 5 萬元本金，超簡單 123 法則，100
萬輕鬆變成 200 萬／陳姵伊著 -- 臺北市：大是文化有
限公司，2022.02
304 面；17×23公分. --（Biz；386）
ISBN 978-626-7041-63-5（平裝）

1. 期貨交易　2. 期貨操作　3. 投資技術

563.534　　　　　　　　　　　　　　110019928

Biz 386

我買台指期，管它熊市牛市，年賺 30%

一種規則，兩種行情，不到 5 萬元本金，超簡單 123 法則，100 萬輕鬆變成 200 萬

作　　者／陳姵伊
責任編輯／宋方儀
美術編輯／林彥君
副總編輯／顏惠君
總 編 輯／吳依瑋
發 行 人／徐仲秋
會計助理／李秀娟
會　　計／許鳳雪
版權經理／郝麗珍
行銷企劃／徐千晴
業務助理／李秀蕙
業務專員／馬絮盈、留婉茹
業務經理／林裕安
總 經 理／陳絜吾

出 版 者／大是文化有限公司
　　　　　臺北市 100 衡陽路 7 號 8 樓
　　　　　編輯部電話：（02）23757911
　　　　　購書相關資訊請洽：（02）23757911 分機 122
　　　　　24 小時讀者服務傳真：（02）23756999
　　　　　讀者服務 E-mail：haom@ms28.hinet.net
郵政劃撥帳號／19983366　戶名／大是文化有限公司

法律顧問／永然聯合法律事務所
香港發行／豐達出版發行有限公司 Rich Publishing & Distribution Ltd
　　　　　香港柴灣永泰道 70 號柴灣工業城第 2 期 1805 室
　　　　　Unit 1805, Ph .2, Chai Wan Ind City, 70 Wing Tai Rd, Chai Wan, Hong Kong
　　　　　電話：21726513　傳真：21724355
　　　　　E-mail：cary@subseasy.com.hk

封面設計／孫永芳
內頁排版／顏麟驊
印　　刷／鴻霖印刷傳媒股份有限公司

初版日期／2016 年 7 月
二版日期／2022 年 2 月
定　　價／新臺幣 420 元
I S B N／978-626-7041-63-5
電子書 I S B N／9786267041642（PDF）
　　　　　　　9786267041659（EPUB）

＊本書提供之方法僅供參考，請讀者自行審慎評估投資風險。